HISPANIC STAR
EN ESPAÑOL

SERIE HISPANIC STAR

Lee sobre los íconos hispanos y latinos, los héroes innovadores que han forjado nuestra cultura y el mundo en esta fascinante serie de biografías para lectores jóvenes.

Si puedes verlo, puedes serlo.

HISPANIC STAR
EN ESPAÑOL

CLAUDIA ROMO EDELMAN
Y **WILLIAM ALEXANDER**

TRADUCIDO POR **LIZETTE MARTINEZ**

ILUSTRADO POR **ALEXANDRA BEGUEZ**

ROARING BROOK PRESS

NUEVA YORK

Published by Roaring Brook Press
Roaring Brook Press is a division of Holtzbrinck Publishing Holdings Limited Partnership
120 Broadway, New York, NY 10271 • mackids.com

Copyright © 2022 by We Are All Human Foundation. All rights reserved.
Written by Claudia Romo Edelman and William Alexander.
Translated to Spanish by Lizette Martinez.
Illustrated by Alexandra Beguez.

Our books may be purchased in bulk for promotional, educational, or business use. Please contact your local bookseller or the Macmillan Corporate and Premium Sales Department at (800) 221-7945 ext. 5442 or by email at MacmillanSpecialMarkets@macmillan.com.

Library of Congress Cataloging-in-Publication Data is available.

First edition, 2022
Book design by Samira Iravani
Printed in the United States of America by Lakeside Book Company, Harrisonburg, Virginia

ISBN 978-1-250-84014-1 (paperback)
10 9 8 7 6 5 4 3 2 1

Para mi madre, que perdió la batalla contra el COVID, pero cuyos valores viven cada día en mí. Soy quien soy, porque ella fue mi mejor ejemplo.

Para mi esposo Richard y mis hijos, Joshua y Tamara, que me rodean con su amor, fe y apoyo. Ellos hacen que todo sea posible.

Más que nada, esta serie va dedicada a los niños del mañana. Sabemos que tienen que verlo antes para poder serlo luego. Nuestro deseo es que estos héroes latinos les enseñen a desplegar sus alas y volar.

—C. R. E.

Para mi padre.

—W. A.

CAPÍTULO UNO

LA CHICA QUE ESCULPIÓ SU NOMBRE EN EL AIRE

El hogar de Celia era feliz y concurrido. Sus padres, tres hermanos, una abuela, varias tías y varios primos, vivían apretados en un pequeño apartamento de dos cuartos y un baño en un primer piso. Cuando Celia era pequeña, hasta catorce niños vivían en el número 47 de la calle Serrano, y era su deber cantar nanas para dormir a todos los que fueran menores que ella. Celia siempre fracasaba

en esta empresa, porque los niños no querían dormirse. Todos permanecían despiertos, exigiendo que cantara y repitiera las nanas una y otra vez.

Rejas de metal protegían las ventanas de ese apartamento del primer piso en Santos Suárez, un barrio de gente trabajadora, en el sur de La Habana. El propósito de las rejas era intimidar, pero la familia Cruz no se aislaba del resto de la ciudad. Su puerta siempre estaba abierta para que entrara la fresca brisa caribeña y fluyera la conversación con los vecinos.

Si pasabas por la puerta abierta de los Cruz por las tardes, seguro podías oír a la mamá de Celia cantando en la cocina. También podías oler la comida que preparaba: usualmente arroz blanco con frijoles negros, platanitos fritos y, en ocasiones especiales, ropa vieja a fuego lento.

Celia siempre recordaba este plato como su favorito y el olor de la carne a fuego lento en la estufa, que tardaba toda la tarde en prepararse, le traía recuerdos de su mamá cantando.

LA ROPA VIEJA es una carne que al cocinarse correctamente, se deshace como si fuera ropa deshilachada.

Si caminabas por la calle Serrano por la noche, podías oír a la propia Celia cantándole nanas a los menores de la casa. Su voz volaba más allá de las rejas del cuarto compartido y más allá de la puerta abierta del apartamento. Los vecinos se acercaban para escuchar. Tú también te hubieras unido a los vecinos para formar parte de esa audiencia espontánea. No importaba si tenías planes de ir a algún lugar: si oías a Celia cantar, ya no tenías que ir a ningún sitio. Algunas veces, Celia hacía una pausa, salía y le decía al gentío que por favor se fueran. Pero siempre regresaban.

De niña, en La Habana, Celia nunca imaginó que se convertiría en la embajadora cultural de Cuba para el resto del mundo y sería considerada la voz más fabulosa de su generación.

Úrsula Hilaria Celia Caridad Cruz Alfonso nació el 21 de octubre de 1925, en el número 47 de la calle Serrano, al sur de La Habana —ciudad capital de Cuba, una nación caribeña, aproximadamente cien millas al sur de los cayos de Florida.

Sus padres la llamaron Úrsula, porque nació el día de la fiesta de Santa Úrsula, patrona de las estudiantes, pero su madre insistió en llamarla Celia. Santa Celia es la patrona de la música, y la música era vital para su familia materna.

Su mamá, a quien todos llamaban Ollita, siempre estaba cantando. Celia insistía en que el primer sonido que escuchó, desde que estaba en el vientre materno, fue la voz de su mamá cantando. El timbre tranquilizador de esa voz siempre estuvo presente en su niñez. Ollita estaba tan orgullosa de la voz de su hija que aprovechaba cualquier oportunidad para exhibirla. Celia cantaba para los invitados de la familia cuando todavía era muy pequeña y no le daba vergüenza. Después de cantar "¿Y tú qué has hecho?", un bolero sobre una niña que graba su nombre en la corteza de un árbol, los invitados estaban tan impresionados que le compraron a Celia un par de zapatos blancos de cuero.

Uno de los vecinos de la calle Serrano daba lecciones improvisadas sobre historia musical caribeña, utilizando canciones y ceremonias lucumíes, una combinación sincrética del catolicismo español con tradiciones y religiones africanas de la etnia yoruba. Estas tradiciones habían sobrevivido las atrocidades del comercio trasatlántico de esclavos, se mezclaron con el catolicismo durante siglos de esclavitud y todavía florecen en La Habana contempóranea. La mamá de Celia les tenía miedo y las llamaba "Santería". Bárbaro, el hermano de Celia, un día se convertiría en santero y usaría el don familiar musical

para cantar canciones de devoción lucumí. La propia Celia se sentaba bajo una ceiba, en la esquina del patio, para escuchar atentamente cuando sus vecinos santeros celebraban bembés de tambores. Años más tarde, Celia encontraría refugio y consuelo en la música afrocubana de sus ancestros en la diáspora.

Cuando joven, Celia iba a bailar con sus amigos y primos a la Sociedad "Jóvenes del Vals" —un club social del barrio que quedaba en la calle Rodríguez— donde escuchó interpretaciones en vivo de músicos legendarios. Se

sentaba lo más cerca posible del escenario cada vez que Paulina Álvarez, su cantante favorita, tocaba al son de sus claves de madera.

Celia tenía catorce años cuando se escapó por primera vez para ver el carnaval de La Habana. Estaba emocionada, asustada y se sentía culpable por haberle mentido a su madre diciendo que iba a pasar todo el día en la casa de su amiga Caridad. (Los padres de Caridad pensaban que su hija estaba en casa de Celia.) Celia se sentía incómoda en el autobús, pues tuvo que ir sentada en la falda de su prima Nenita todo el camino. El autobús solo costaba cinco centavos en 1940, pero eran seis y solo les alcanzó el dinero para comprar cinco pasajes, así que Celia y Nenita tuvieron que compartir un asiento.

Abordaron el autobús desde Santos Suárez hasta Centro Habana, cruzando la ciudad. Una ciudad tan hermosa, poderosa y codiciada que, cuando los piratas ingleses ocuparon La Habana en 1762, España intercambió la península de la Florida entera para recuperarla. Inglaterra no pudo mantener sus intereses en Florida por mucho tiempo, ya que las trece colonias que formarían luego los Estados Unidos de América, la derrotaron en Yorktown en 1781.

Un siglo más tarde, Cuba se independizó de España. El abuelo materno de Celia luchó como mambí por la independencia. Poco después, la nación independiente cubana restauró su antiquísima tradición del carnaval: un huracán de música, bailes, desfiles, procesiones, trajes y disfraces resplandecientes que dura varios días.

El carnaval de La Habana era único. A sus catorce años, Celia nunca lo había visto, aunque había vivido en la ciudad toda su vida. Los padres de Celia nunca le daban permiso para ir. Sus padres ni se imaginaban que Celia se había escabullido para escuchar los ritmos de bembé y ver las procesiones de gente disfrazada bailando por La Habana.

Una dicha intensa, que jamás la abandonaría, nació adentro de Celia ese día de carnaval.

Los seis amigos dieron una larga caminata de regreso a Santos Suárez, porque no tenía dinero para el autobús de vuelta.

Celia entró en casa sin que se dieran cuenta. Aunque estaba exhausta, no podía dormir. La emoción y la adrenalina del carnaval la mantenían despierta. Se sentía culpable. Detestaba mentir, pero más que nada, detestaba mentirle a Ollita.

Al otro día por la mañana, le confesó todo a su tía Ana, la hermana de su mamá.

Ana la regañó dulcemente por escabullirse y entonces le preguntó si quería volver.

Las dos cómplices regresaron al carnaval esa tarde. La tía Ana inventó una excusa diciendo que necesitaba ayuda con sus diligencias y así Celia evitó sentirse culpable por mentirle a Ollita dos días seguidos.

Tía y sobrina llegaron al Capitolio, el centro mismo del huracán carnavalesco. Cantaron y bailaron con la muchedumbre disfrazada y las comparsas, hasta que les empezaron a doler los pies. Cuando llegaron a casa, muy tarde por la noche, ya el padre de Celia estaba durmiendo. Su mamá, que no se dejó engañar con la excusa que inventaron, se quedó despierta esperándolas para darles un abrazo cómplice.

Esa noche Celia soñó que era la reina del carnaval.
Vestía un traje largo blanco y abría sus brazos al mundo mientras cantaba.

En 1944, unas semanas antes de que Celia cumpliera diecinueve años, un terrible ciclón azotó La Habana. Los vientos huracanados derrumbaron palmas reales que volaron por el aire. Celia estaba convencida de que su casa en la calle Serrano se derrumbaría, pero las paredes aguantaron. Otro músico joven también se impresionó mucho con la tormenta. Pedro Knight, un trompetista alto que ese año trabajaba para un circo ambulante. Los vientos huracanados no fueron favorables para las carpas del circo. Más tarde, mientras La Habana se reponía de los estragos del ciclón, nadie tenía dinero para acudir a un circo dañado. En las difíciles semanas después del ciclón, los artistas, sin sueldo y sin comida, apenas se alimentaban con mendrugos de pan.

De haberlo sabido, a Celia se le habría roto el corazón, pero ella todavía no había conocido al trompetista alto llamado Pedro Knight.

La joven Celia Cruz quería ser maestra cuando creciera. Ese era el plan que heredó de su padre, un hombre práctico, serio y trabajador. A Celia le gustaba la escuela, le encantaban los niños y compartía su nombre de pila con la patrona de las estudiantes. Era perfectamente natural pensar que su carrera se desarrollaría en un salón de clases.

En 1947, Celia llegó a una encrucijada, cuando dos versiones distintas de su vida se le presentaron. Ya estaba inscrita en la Escuela Normal de Maestros para estudiar para maestra, cuando su primo Serafín la apuntó, sin que nadie supiera, en un concurso de canto de una emisora de radio local.

Celia estaba feliz, nerviosísima ante la idea de pararse en un escenario, agradecida a su primo y, al mismo tiempo, molesta con él por haberla inscrito sin su permiso. Serafín nunca se disculpó. Él sabía lo que la voz de Celia significaba para los demás.

El concurso se celebró un sábado. Celia se levantó mucho más temprano que de costumbre. Se sentía confiada y sus nervios ya se habían calmado. Se puso un vestido blanco y su mamá la peinó con un moño apretado en la parte de atrás de la cabeza. Al mirarse al espejo, se vio igualita que como se había visto cuando soñó que era la reina del carnaval. Afuera, los rayos del sol brillaban en las gotas de rocío como lentejuelas bajo las luces del escenario.

Serafín acompañó a Celia a la emisora de radio. Quedaba a solo doce cuadras de la casa y estaban acostumbrados a caminar a todas partes, pero ese día tomaron el autobús. Casi todos los concursantes que esperaban en la estación eran mayores que Celia. Eso la hizo sentir un poco inexperta y fuera de lugar. Cuando le tocó el turno al micrófono, cantó "Nostalgia", un tango que acompañó al ritmo de las claves. Celia llevó sus claves de madera para rendirle homenaje a Paulina Álvarez, su cantante favorita, y fueron la clave para liberar su voz.

Celia obtuvo el primer lugar.

Su premio fue un *cake* de La Casa Potín, una de las reposterías más finas de La Habana. Celia y Serafín trajeron el *cake* a la casa triunfales —él estaba aún más emocionado por la victoria musical de Celia que ella misma— y compartieron el festín de azúcar con la familia entera. Celia siempre recordó el delicado y delicioso sabor de ese *cake*.

En el próximo concurso ganó el primer lugar y un collar. Después se apuntaba en todos los concursos que encontraba. Serafín seguía ayudándola como si fuera su agente improvisado. Ambos traían a casa premio tras premio, a veces dinero, chocolates, y hasta productos de primera necesidad, como leche condensada, pan y jabón. Cada nueva victoria significaba una fiesta en casa, donde casi todos los miembros de la familia reían, hablaban y cantaban en alegre algarabía.

El padre de Celia era el único que se negaba a celebrar las victorias. Irradiaba un descontento frío y callado cada vez que su hija hacía un espectáculo público de su voz.

Simón Cruz trabajaba en los ferrocarriles.

Paleaba carbón todo el día.

Nunca cantaba.

Cada vez que surgía el tema del futuro de Celia en una conversación, su padre insistía en que Celia se dedicara a ser maestra. Celia no discutía. Seguía aplicada en sus estudios, aprendiendo literatura y pedagogía, y pagaba sus libros de texto con el dinero que obtenía de los concursos radiales.

Su madre le dijo que no se preocupara por la frialdad de su padre. Pero Celia sí se preocupaba. Se sentía mal por no tener el respeto de su padre. Para compensar, la tía Ana y Ollita se desvivían brindándole cariño y apoyo.

Un día Ana acompañó a Celia a otro concurso de radio. Celia ganó como siempre, pero estaba claro que el triunfo era solo por su voz y no por su presencia escénica. Ana le señaló con dulzura a Celia que permanecía inmóvil como una estatua. Ni bailaba, ni se movía casi. Parecía inmune al poder de su propia voz. La tía Ana le explicó que el público no podía sentir la emoción, el ritmo ni la potencia de la música, a menos que el intérprete fuera capaz de sentirlo primero. Celia no quería oír estas palabras que le robaban un poco el brillo a su última victoria vocal. Aun así, Celia apreciaba mucho los consejos de su tía y sabía por qué se mantenía inmóvil frente al micrófono. Celia tenía miedo. Una parte de ella, se reprimía y rehusaba tomar posesión de la atención del público bajo las luces y ser el foco de atención en el escenario. Celia era una cantante talentosa, ella lo sabía y todos lo sabían, pero todavía no era una artista.

Juró que se convertiría en una artista.

Después de que la tía Ana le aconsejó no quedarse estática frente al micrófono, Celia aprovechó todas las oportunidades que tuvo para cantar frente al público en vivo. Cantaba en las fiestas y eventos del barrio con la banda local El Botón de Oro. Se llamaban así por los botones dorados en forma de flor que vestían. En el colegio de maestras cantaba el acompañamiento en todo espectáculo y ceremonia. Cantó el día de la graduación en 1949, un día que sería otra encrucijada más en su vida.

Cuando la ceremonia de graduación terminó, Celia se quedó conversando con Marta Rainieri, una de sus maestras favoritas en el colegio. Celia le pidió consejos para convertirse en maestra. La Sra. Rainieri se le quedó mirando severa, habló con tono serio y le dijo que su verdadero don era cantar en el escenario y no estar dando clases en un salón. La exhortó a honrar su don y le confesó que los salarios de las maestras eran muy pobres.

Celia se sorprendió y se emocionó de que alguien reconociera y valorara sus méritos.

Vamos a saborear este instante con ella. Piensa en algún momento en el que sentiste que alguna maestra te entendió de verdad. (Espero que al menos tengas un momento así en tu memoria.) Disfruta la ironía de cómo la Sra. Rainieri demostró el poder de cambiar vidas que poseen los maestros cuando le aconsejó a Celia que, en vez de ser maestra, siguiera su vocación musical.

Fue en este instante que Celia cesó de intentar lograr dos versiones diferentes de su futuro: el futuro que ella quería para sí misma y el futuro que su padre quería para ella. Dejó a un lado el magisterio y se lanzó a conquistar el mundo de la música.

Simón Cruz se encerró cada vez más en su caparazón de rabia callada y fría.

Celia lo ignoraba lo más que podía.

Su conquista comenzó en la Academia Municipal de Música de La Habana. Aunque había abandonado sus planes de ser maestra, Celia continuó alimentando su curiosidad intelectual estudiando teoría musical en la academia. Allí siguió adiestrando su voz, un raro contralto, el rango vocal más bajo que puede tener una cantante femenina. Si un hombre cantara esas mismas notas, se consideraría un tenor.

Celia también buscó tutores privados para lecciones de piano, pero no tuvo mucho éxito. No soportaba a su

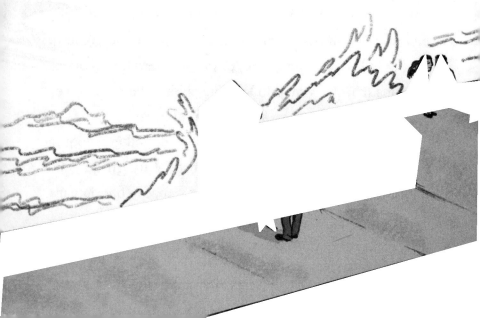

primer tutor de piano. Celia nunca entendió por qué no se llevaban bien. Aprendió mucho más de Oscar Muñoz Boufartique que le exigió cortarse las largas uñas para que pudiera tocar mejor las teclas del piano. Celia se rehusó rotundamente. Años más tarde, Celia bromeaba sobre este incidente y se lamentaba por haber desperdiciado la oportunidad de convertirse en mejor pianista cuando era joven, ya que las uñas podían volver a crecer después.

EL MALECÓN es un camino y un muro que sirve como barrera que casi siempre logra impedir que las olas del mar Caribe invadan La Habana.

El resto del adiestramiento de Celia fue trabajando en estudios radiales en La Habana, especialmente CMQ, la estación radial en El Vedado, un barrio al sur del Malecón.

Actores y músicos independientes llegaban por la mañana, verificaban en una libreta si estaban en turno para algún ensayo, espectáculo o melodías de anuncios ese día y se sentaban en la recepción de la oficina a esperar. Lo llamaban "el banco de los sueños", un lugar para soñar tu futuro estrellato.

Ese banco era también un lugar para estudiar. Celia pasaba muchas horas observando a otros artistas: cómo se comportaban en los ensayos, qué técnicas usaban para calentar antes del espectáculo y —más que nada— la forma en que se trataban los unos a los otros. Era una comunidad y no una colección individual de artistas independientes en una competencia despiadada. Los músicos se apoyaban los unos a los otros y aconsejaban a los nuevos como Celia que estaban sentados en el banco de los sueños.

Todos necesitaban ese apoyo y compañerismo, pues los programas de radio en la década de 1940 eran en vivo. Cada palabra, nota y ruido accidental se oía por las ondas radiales inmediatamente. Cada libreto y canción había que aprenderlas de memoria. Cualquier error significaba que tal vez no te volverían a contratar para el próximo espectáculo y todos cometían errores. Celia aprendió a tomarse en serio su trabajo y también a bromear sobre los contratiempos inevitables, para sentirse confiada y evitar entrar en pánico la próxima vez. Aprendió a dejarse llevar por la naturaleza imposible de controlar de los espectáculos en vivo y aprendió a seguir actuando, sin importar lo que pasara, pues no había manera de grabar el programa por segunda vez.

Celia desarrolló destrezas para complementar su talento en el micrófono de la estación radial CMQ. Se ganó además el amor y el respeto de su nueva comunidad musical.

Mientras tanto, el amor y el respeto de su papá parecían inalcanzables. Casi no hablaban. Él estaba convencido de que el mundo de la farándula era una vida degenerada y humillante para cualquier mujer y que su hija avergonzaba a la familia cada vez que se desempeñaba como cantante.

Su padre se aferró a esas obstinadas creencias por años, apenas reconociendo que Celia existía, hasta que un día un compañero de trabajo le mostró un artículo de periódico sobre una naciente estrella de la radio.

Al principio Simón estaba molesto. Entonces leyó todo el artículo, prestando atención a cada palabra y cada halago que describía el talento y las destrezas de Celia. Por primera vez atisbó a la estrella naciente que toda La Habana empezaba a adorar y por primera vez pudo ver a su hija de verdad.

Esa noche, después de un largo día de palear carbón, Simón Cruz se sentó a conversar con Celia por primera vez en mucho tiempo. Intentó explicarle por qué se había sentido tan avergonzado y le dijo que nunca más se opondría a su carrera. Su padre le dijo que confiaba en ella.

A todo aquel que lea estas páginas: ojalá que a ti también te escuchen, te reconozcan y te comprendan.

CAPÍTULO DOS

NUNCA INCLINES LA CABEZA ANTE NADIE

El amor y el apoyo familiar fueron la piedra angular en el éxito profesional de Celia como cantante y estrella de radio. Siempre tuvo una relación muy estrecha con sus primos —sobre todo con Nenita y Serafín— y fue Nenita la que encendió la radio familiar insistiendo en que Celia escuchara a la Sonora Matancera. Este conjunto legendario de músicos afrocubanos se fundó en el 1924, en Matanzas, una provincia cubana al este de La Habana. Según el musicólogo Helio Orovio, Matanzas es "la fragua ardiente donde se forjó la música cubana".

La banda se trasladó a La Habana en 1927 (cuando Celia tenía dos años), grabó sus primeros discos en 1928 (ella tenía tres años) y firmó con Radio Progreso para hacer una serie de espectáculos en vivo. Veinte años más tarde,

Nenita sintonizó la radio para escuchar ese mismo espectáculo.

Celia se quedó escuchando como en un trance.

Esa noche casi no pudo dormir. La Sonora Matancera seguía sonando en su mente y en su memoria. Cuando por fin se quedó dormida, Celia volvió a soñar que vestía un traje blanco.

Estaba en el mismo centro del escenario en el gran teatro Campoamor y la Sonora Matancera tocaba al fondo mientras ella cantaba.

Para 1950, Celia se estaba conviritiendo cada vez más en una sensación. Grabó sus primeros discos con distintas bandas (aunque una ni siquiera le pagó por su labor), y aparecía regularmente en los espectáculos de Radio

Cadena Suaritos (que tampoco le pagaban bien). El mundo del espectáculo era una lucha continua, pero como siempre, Celia se las arreglaba bastante bien.

Parecía que su sueño de cantar con la Sonora Matancera no se iba a convertir en realidad. La Sonora era como un equipo de superhéroes, tanto por su popularidad como por haber incluido a una sola mujer. La Liga de la Justicia tenía a la Mujer Maravilla; Los Vengadores tenían a La Viuda Negra o La Avispa; y la Sonora Matancera contaba con la gran artista puertorriqueña, Myrta Silva, como cantante principal.

Celia engavetó su sueño y no pensó más en eso. Entonces un misterioso caballero llamado Sotolongo paró en los estudios de Radio Cadena Suaritos y solicitó hablar con ella. (Celia nunca supo su nombre de pila. Lo único que supo es que siempre se referían a él como el "Sr. Sotolongo", como

Construido hacía un siglo, en 1921, el teatro CAM-POAMOR estaba hecho al estilo de los teatros de Broadway en Nueva York. Todavía se yergue al lado del Capitolio en Centro Habana, pero la mayor parte de su estructura colapsó en 1960 y nunca se ha restaurado.

si hubiera salido de una película de espionaje). El Sr. Soto-longo le dijo en secreto que Myrta Silva tenía intenciones de regresar a Puerto Rico. La gran diva pronto abandonaría la Sonora Matancera y deseaba que Celia cantara en su lugar.

El misterioso mensajero le dijo a Celia que fuera a Radio Progreso, preguntara por Rogelio Martínez —director de la Sonora Matancera— y le informara que el Sr. Sotolongo la enviaba para una audición.

Celia pudo haber dudado de ese extraño que nunca usaba su nombre de pila pero, recordando su sueño en el escenario del Campoamor, decidió seguirle la corriente. Se encontró con Rogelio Martínez, que en 1926 llegó a la Sonora Matancera como guitarrista y desde 1932 era el director (cuando Celia solo tenía siete años). Ahora el director le ofrecía la oportunidad de cantar con ellos.

Su sueño estaba cada vez más cerca.

Celia se levantó tempranito para su primera audición. Pensaba que era la única despierta en su casa llena de gente, pero Ollita se había levantado aún más temprano, para colarle un cafecito con leche a Celia. (Así es como la niñez cubana aprende a tomar café: un vaso de leche caliente con un poco de café negro y mucha azúcar. Sabe riquísimo, como una mezcla de delicioso helado de café.

Según van creciendo, la cantidad de leche va disminuyendo, pero las cantidades de azúcar se quedan igual.)

Después de tomar café, Celia recogió las partituras de varias canciones, un impermeable y un paraguas. No estaba lloviendo, pero era la temporada lluviosa y un aguacero repentino podía sorprenderla en cualquier momento. Celia quería estar preparada para lo que fuera.

Por suerte no llovió. Llegó al estudio tempranito y la primera persona que conoció fue a un trompetista alto que se llamaba Pedro Knight.

Pedro tenía una linda sonrisa y la piel tan oscura como la de Celia. Se unió a la Sonora Matancera en 1944 —el año del ciclón que había puesto fin a su etapa como músico de un circo arruinado. Ahora, seis años después, le daba la bienvenida a Celia en Radio Progreso.

Pero a Celia no le fue muy bien en la audición.

Las partituras que llevó eran arreglos musicales para una orquesta de catorce músicos y la Sonora Matancera solo tenía nueve músicos. De todos modos, Celia los acompañó en el ensayo y cantó varias canciones del repertorio regular, pero la combinación no funcionó del todo.

Rogelio, el director, le dio esperanzas. Se quedó con las partituras que Celia había llevado y le prometió adaptar las canciones al estilo y tamaño de la banda. Celia podría intentar otra audición cuando los nuevos arreglos estuvieran listos

Celia esperó.

Pasaron las semanas.

Un artículo de periódico anunció la salida de la gran Myrta Silva y mencionó que una cantante llamada Celia Cruz era la escogida para reemplazarla. Eran noticias maravillosas, pero no necesariamente ciertas, porque Celia ni siquiera había llevado a cabo una audición en toda regla. Mientras tanto, ese anuncio prematuro ocasionó, sin querer, que Celia se quedara desempleada, porque su

jefe en Radio Cadena Suaritos la despidió tan pronto leyó la noticia.

El dinero escaseaba ese verano. Celia necesitaba trabajar. No le habían avisado de la Sonora Matancera y Rogelio Martínez no le devolvía las llamadas. Los días se arrastraban lentos. Su sueño parecía imposible de alcanzar. Entonces, al final de julio, Celia por fin recibió la llamada que tanto ansiaba. Rogelio le comunicó que los arreglos musicales estaban por fin hechos y que la banda estaba lista para su segunda audición.

Esta vez le fue bien.

Unos días después, el 3 de agosto de 1950, por la tarde,

Celia debutó cantando como miembro de la Sonora Matancera. Su familia entera llenó la primera fila del público en el estudio, incluyendo sus primos: Nenita, la que había insistido para que Celia escuchara el programa de radio, y Serafín, que la había inscrito para su primer concurso de canto.

Serafín estaba muy orgulloso y emocionado, pero el recuerdo de su sonrisa ese día de verano siempre sería agridulce para Celia. Serafín murió poco después, muy de repente. Aunque pudo ver a su prima convertirse en una de las cantantes más celebradas de La Habana, Serafín no vivió lo suficiente para verla triunfar en el resto del Caribe, América Latina y el mundo.

Parte del triunfo de Celia se debía a que sus primos la cuidaban.

Desde nuestra perspectiva, la carrera de Celia asemeja una flecha inevitable dirigida al cielo para alcanzar el estrellato. Sin embargo, el negocio del espectáculo nunca deja de ser una lucha y el primer año de Celia con la Sonora Matancera no fue nada fácil. Aunque Myrta Silva escogió personalmente a Celia como sucesora, los fanáticos de Myrta todavía estaban desconsolados. Echaban de menos la voz de Myrta que era más alta que el contralto de Celia. Algunos hasta discriminaban contra Celia, pues su piel era mucho más oscura que la de Myrta. Una campaña de cartas y llamadas telefónicas inundó Radio Progreso exigiendo la cancelación inmediata de Celia Cruz.

Como siempre, la tía Ana fue su apoyo leal y confiable. Tía Ana le aconsejó a Celia que siguiera cantando y nunca inclinara la cabeza por nadie.

Rogelio Martínez nunca se lamentó de contratar a Celia y nunca titubeó en apoyarla profesionalmente. Rogelio deseaba que Celia grabara discos nuevos con la Sonora Matancera, así que se enfrentó a Sydney Siegel, el ejecutivo del estudio. Siegel era un machista estadounidense con derechos exclusivos para grabar con la Sonora Matancera a través de Seeco Records. Él insistía en que las cantantes femeninas solo servían para cantar en vivo y que no tenían nada que hacer en un estudio de grabación.

Rogelio no pudo convencer a Siegel, hasta que finalmente se ofreció a asumir todo el riesgo financiero. Si los discos de Celia no se vendían, Siegel no tendría que pagar el costo de grabarlos. Cuando el ejecutivo se mostró de acuerdo con esta inversión sin riesgos, Celia grabó un disco corto con solo dos canciones, "Cao cao maní picao" y "Mata siguaraya", una canción por cada lado.

El disco fue un gran éxito y se vendió por todo el país. La campaña de cartas para cancelar el contrato de Celia se esfumó.

Sydney Siegel se disculpó. Durante los próximos quince años, firmaría los cheques para más de setenta discos de Celia Cruz y la Sonora Matancera. Siegel nunca volvió a discutir con Rogelio sobre las decisiones creativas. Todos necesitamos a alguien que nos defienda.

Cuando Celia pasó a ser parte de la Sonora Matancera, su sentido de hogar y familia se expandió para incluir nueve hermanos mayores; cada uno de ellos la apoyaba y era su fiel protector. La orquesta sabía más de la historia musical cubana que cualquiera en la isla y compartían gustosos sus conocimientos. Celia aprendió todo lo que era posible sobre la alegría de las guarachas, la melancolía de los boleros, los ritmos complejos de la rumba y la estructura improvisada del son. Aprendió bailes nacidos del carnaval y letras que imitaban a los vendedores ambulantes de La Habana. Celia dominó la música de su patria.

Por años, la Sonora Matancera viajaba dando giras por toda Cuba, usualmente apretados en un Buick. Una vez se averió el auto de camino al santurario El Rincón, una antigua colonia de leprosos en Santiago de las Vegas, donde los habían contratado para tocar en el festival de San Lázaro. Como no pudieron arreglar el Buick, tuvieron que empujarlo por millas, vestidos de etiqueta. Afortunadamente, Santiago de las Vegas no quedaba tan lejos de La Habana.

Cuando Celia debutó con la orquesta, la Sonora Matancera expandió las giras para incluir todo el Caribe. El Caribe entero ya los conocía, gracias al gran alcance cultural de las poderosas emisoras de radio cubanas. Dondequiera que iba, la Sonora presentaba su espectáculo con el teatro a capacidad completa.

Tanto en casa como en el extranjero, la banda de hermanos estaban dispuestos a defender a Celia. Una vez, cuando estaban de gira, la Sonora tocó para una grupo de gente elegante y poderosa y un general del ejército no dejaba a Celia en paz. Los miembros de la orquesta se dieron cuenta de la frustración de Celia, se le pararon al lado y ahuyentaron al general. (A Celia le encantaba contar esta historia, pero nunca quiso revelar ni el nombre del general humillado ni de que país era).

Celia Cruz y la Sonora Matancera siguieron cosechando éxitos en la década de los años cincuenta. Salían de gira juntos y también separados. Celia encontró una hermandad femenina cuando cantó con la tropa de bailarinas las Mulatas de Fuego. Siempre que salía de gira sin los miembros de la Sonora, Celia viajaba con su prima Nenita.

De vuelta en La Habana, Celia empezó a salir en películas y televisión, cantando de todo, desde melodías para anuncios de Coca-Cola, hasta música de clubes nocturnos para películas que se filmaban en La Habana. A veces los productores de estudio querían que otra cantante sincronizara la voz y doblara lo que Celia cantaba, insinuando que alguien con tez más blanca debería aparecer frente a las cámaras, pero sus intentos por blanquearla nunca funcionaron. A nadie se le ocurriría que la voz de Celia pudiera ser de otra persona.

En 1957 Celia llegó a Nueva York por primera vez. Se suponía que iba a recibir el premio del disco dorado de parte de Sydney Siegel (el mismo que trató de impedir que entrara en la industria musical tan solo unos años atrás), pero el espectáculo no ocurrió como estaba planeado.

El St. Nicholas Arena estaba completamente lleno —probablemente porque sobrevendieron los boletos y apiñaron a las personas en un espacio demasiado pequeño— y la policía se presentó.

Celia nunca supo exactamente que fue lo que pasó, aunque sospechaba que un club rival tenía celos del gentío que había en el St. Nicholas y puso una querella por ruido. La llegada de la policía incitó un pequeño motín y los planes de presentarse allí se vinieron abajo entre gritos de pánico. La propia Celia estaba nerviosa, pero ilesa. Recordaba vívidamente docenas de zapatos abandonados en la pista de baile cuando la policía sacó al público a la fuerza.

En esa ocasión, se sintió aliviada de salir de Nueva York y volver a La Habana, donde la llamaban la Guarachera de Cuba. En 1957, la ciudad y el país natal de Celia todavía la reconocían como un símbolo viviente de la música cubana.

Todo eso estaba a punto de cambiar.

CAPÍTULO TRES

REVOLUCIÓN Y EXILIO

Indiscutiblemente, la carrera de Celia llegó al estrellato en la década de los años 1950. Sin embargo, esa misma década, el país se sumía en el caos mientras dos dictadores se disputaban por controlar la isla: "El General" Fulgencio Batista y "El Comandante" Fidel Castro.

BATISTA

CASTRO

Batista obtuvo la presidencia dos veces. La primera vez fue elegido democráticamente. La segunda vez dirigió un golpe de estado, se apoderó de la presidencia y canceló las elecciones de 1952. La corrupción reinaba durante ese segundo término de la presidencia de Batista. Los movimientos de protesta y las huelgas estudiantiles se reprimían brutalmente. La policía secreta asesinaba a cientos de personas, posiblemente miles; las cifras fluctúan dependiendo de a quién le hagamos la pregunta.

En 1957, el mismo año en que Celia sobrevivió el pequeño motín en Nueva York, Batista sobrevivió un intento de asesinato. Una organización estudiantil universitaria invadió el palacio presidencial en La Habana y se apoderó de la radio emisora CMQ, donde Celia había cantado muchísimas guarachas, boleros y melodías comerciales. El grupo planeaba anunciar la muerte de Batista por las ondas radiales, pero el ajusticiamiento del tirano no sucedió, y la transmisión se interrumpió. La mayoría de los participantes y asesinos potenciales murieron en el intento.

La revolución de Fidel Castro fue mucho más exitosa. Él también comprendía el poder de la radio y transmitía sus discursos por Radio Rebelde, desde una docena de estaciones secretas. La lucha comenzó en 1953 y terminó en la víspera de año nuevo en diciembre de 1958, cuando

Batista huyó de Cuba y su gobierno se vino abajo. Castro se convirtió en el primer ministro, anuló los resultados de las elecciones de 1958 y reprimió brutalmente cualquier oposición política. Sus pelotones de fusilamiento asesinaron cientos de personas, tal vez miles, dependiendo de a quién le preguntes.

Ambos líderes usaron la fuerza bruta para tomar el poder y mantenerlo.

Ambos eran fanáticos de Celia Cruz.

Celia no era fanática de ninguno de los dos.

En 1958, el último año del régimen de Batista, la Guarachera de Cuba estaba enfocada en la frágil salud de su madre y no en la frágil salud de su país.

El doctor diagnosticó que Ollita tenía cancer, hecho que sacudió los cimientos del mundo de Celia. Tenía que asegurarse de que su madre tuviera el mejor cuidado posible y eso significaba ganar más dinero. La paradoja era que Celia tendría que apartarse de Ollita para poder trabajar más, pues en México le pagaban mejor que en La Habana.

Celia estaba de gira en México cuando Batista huyó de Cuba. Los revolucionarios bajaron de la sierra para asumir el control. Se apresuró a volver a casa y encontró

La Habana sumida en caos. Había hombres armados por todas partes. Casi toda su ciudad natal estaba completamente cerrada. Nadie sabía lo que iba a pasar.

El nuevo gobierno se apoderó inmediatamente de todas las estaciones de radio y televisión. Las ondas radiales se inundaron con propaganda en vez de música bailable. Cada vez era más difícil para Celia, la Sonora y todos los demás músicos en La Habana encontrar trabajo, y Celia necesitaba trabajar. Así fue que aceptó una rara invitación para cantar en una fiesta privada de Miguel Ángel Quevedo, adinerado editor de la revista Bohemia. El propio Comandante llegó a la fiesta cuando Celia estaba cantando. El anfitrión se ofreció a presentarlos: "Celia, Fidel quiere conocerte. Dice que limpiaba su pistola al ritmo de tu canción 'Burundanga' cuando estaba en la Sierra".

Celia se negó cortésmente. "Si a ese señor le interesa conocerme que venga él a donde estoy yo".

Fidel entendió la indirecta y mantuvo la distancia.

Poco después de la fiesta, sin embargo, le informaron a Celia que tenía que cantar en el Teatro Blanquita. Después del primer ensayo para este espectáculo obligatorio, el director les informó a los músicos que el nuevo líder de Cuba estaría presente y todos debían demostrarle debido respeto.

Durante el espectáculo, justo antes de subir al escenario,

le informaron a Celia que debía cantar "Burundanga", la canción favorita de Fidel Castro para limpiar su pistola. Celia se negó. Cambió el programa. Todos los músicos la apoyaron, demostrando mayor lealtad a la Guarachera que al Comandante.

Después de esa función, Celia se apresuró a llegar al camerino, donde el director le dijo que no le iban a pagar. Celia no había demostrado respeto por el nuevo régimen.

Celia replicó cortésmente que prefería respetarse a sí misma que aceptar su dinero.

Pero Celia tenía que pagar los tratamientos para el cáncer de Ollita.

Necesitaba trabajar.

Tenía que cantar.

Pedir asilo en Ciudad México sonaba cada vez más tentador.

La lucha de poder entre Celia Cruz y Fidel Castro siguió escalando.

Celia ya era más que una cantante, era un símbolo viviente de la cultura cubana. El nuevo líder cubano quería demostrar que su regimen era legítimo, controlando a la propia Celia. Fidel necesitaba que Celia cantara para él. No iba a aceptar que se negara.

El Comandante enviaba una retahíla de agentes a la casa de Celia, cada uno con una petición formal a eventos oficiales donde ella tenía que cantar. Celia le decía a su hermano Bárbaro que contestara la puerta, mientras ella se escondía en el armario. Bárbaro les mentía con tremenda tranquilidad a los agentes armados del régimen diciendo que su hermana no estaba en casa.

Esta mentira tenía que convertirse en una realidad. Celia tenía que irse de La Habana.

Al cierre de la década, era cada vez más obvio que la libertad de expresión artística no tendría mucho valor en el régimen castrista. Los músicos tocaban para Fidel o simplemente no tocaban.

Los clubes nocturnos y teatros mexicanos le ofrecían a Celia y la Sonora Matancera trabajo seguro, pero la orquesta necesitaba permiso oficial para salir del país, y ese permiso era cada vez más difícil de obtener.

Rogelio Martínez comenzó el hostil proceso burocrático de obtener visas de salida para todos los miembros de la Sonora Matancera.

Celia comenzó el terrible proceso emocional de dejar a su madre —otra vez— pero esta vez rodeada de más incertidumbre médica y caos político.

Ollita le dio la bendición. "Vete", le dijo. "No te preocupes por mí. Tu futuro te aguarda".

Celia empacó sus maletas. Esperaba la llamada de Rogelio, igual que había tenido que esperar diez años atrás, en julio de 1950, hasta que llamara para informarle que los arreglos musicales ya estaban listos para su audición.

Mientras Celia esperaba, hubo otra crisis en su familia. La salud de su padre de repente empeoró dramáticamente. Ollita todavía tenía esperanzas de recuperarse, pero los médicos le dijeron a Simón Cruz que no le quedaba mucho de vida.

Este hombre serio y orgulloso nunca había sido muy apegado a su alegre hija. De hecho, según los recuerdos de Celia, nunca había sido apegado a nadie. Incluso después de hacer las paces, su padre se había mantenido alejado. Los dos se despidieron sabiendo que probablemente nunca más se volverían a ver si Celia abordaba el avión para Ciudad México.

Simón cumplió su promesa de no retenerla más.

Celia ayudó haciendo todos los arreglos funerarios y dejando todos los gastos pagos de antemano.

Seguían esperando.

Ollita esperaba recuperarse.

Simón esperaba empeorar.

Celia esperaba una llamada telefónica.

Por fin recibió la llamada el 14 de julio de 1960, cuando Rogelio llamó para anunciar que tenía las visas y los boletos listos para el día siguiente. El régimen castrista había dado permiso para que la Sonora Matancera saliera de gira si prometían regresar.

Fidel Castro odiaba perder. Cuando era niño le daban pataletas y se golpeaba la frente contra el muro cada vez que perdía un juego de pelota. Ya de hombre tenía el mismo temperamento y nunca se resignaría a perder la batalla contra Celia Cruz a ver quién podía más. El Comandante necesitaba demostrar que dominaba todo lo que fuera Cuba: el gobierno, su gente, la cultura y a Celia Cruz, el símbolo viviente de la música cubana.

Entonces, ¿por qué permitió que Celia abandonara el país?

¿Acaso el dictador cambió de parecer?

¿Pensaría acaso que Celia le iba a deber un favor luego de que él le otorgara el permiso?

Sean cuáles fueran sus motivos, Fidel Castro pronto ejercería un gran poder sobre Celia. Ella podía irse de gira con la Sonora, pero el resto de su familia se quedaría en La Habana. El régimen castrista controlaba la frontera nacional que pronto separaría a Celia de todos sus seres queridos.

Celia permaneció despierta hasta tarde bromeando con sus hermanos y hermanas la noche antes de salir de gira con la Sonora. Se levantó temprano el 15 de julio de 1960 y saboreó una dulce taza de café fuerte con su querida Ollita.

Celia le prometió regresar a La Habana para la cena de Nochebuena, la víspera de Navidad, algo que ambas pensaban que sería posible.

Casi toda la familia acudió al aereopuerto para despedir a Celia. Todos menos su padre. Tal vez Simón estaba demasiado enfermo para salir de la casa, o tal vez prefería despedirse tranquilo en privado. El resto de la familia era

muy alborotosa. Se reían, lloraban, se abrazaban y agitaban los brazos, adueñándose de la terminal aérea con su alboroto y cariño. En otras palabras, se comportaban como cualquier familia cubana típica despidiéndose. La tía Ana juró que cuidaría muy bien de Ollita y la acompañaría a todas las citas médicas.

Rogelio finalmente interrumpió el alboroto familiar y reunió a la Sonora. Les explicó que los procesos de la aduana habían cambiado recientemente para asegurarse de que a nadie lo detuvieran por un tecnicismo.

Todos pasaron la inspección de la aduana. La orquesta se alejó de la terminal y cruzó la pista a pie. El sol caribeño iluminaba el firmamento. Celia volteó para ver a su mamá y su tía mirándola desde la plataforma de observación, les tiró un beso a ambas y abordó el avión.

Nunca más volvió a ver a su madre.

Primero se borró La Habana, luego desapareció toda Cuba. Afuera solo había mar y cielo. La Sonora Matancera oficialmente abandonó la frontera aérea de Cuba para entrar en aguas internacionales. Ya podían discutir abiertamente, sin miedo a las represalias, la triste realidad de que este sería un viaje sin regreso.

Rogelio confesó que su intención era quedarse en México y les pidió a los demás que se quedaran con él.

Celia estaba sentada con Pedro Knight, el trompetista alto que se había convertido en su mejor amigo en la Sonora. Le apretó la mano con fuerza. Si las uñas largas de Celia se clavaron en su piel ese primer instante en que probaron el exilio, Pedro nunca se quejó.

Ese día y los próximos días, el sentimiento del exilio

se le clavó a Celia en el estómago como una puñalada y se alojó allí. Lo único que aliviaba su dolor constante era cantar. Celia encontró consuelo y sentido de pertenencia en el escenario, el mismo lugar donde los había dejado. Celia desbordó todo su ser en su voz, y su voz estaba muy cotizada. Tanto Celia como la Sonora Matancera, pudieron haber pasado por tiempos difíciles en Cuba, donde no encontraban trabajo sin la aprobación oficial del régimen, pero ahora tenían contratos para cantar todas las noches.

Tras varias semanas agitadas Celia se enteró de la muerte de su padre.

Aunque sabía que sucedería, Celia no estaba preparada. Celia estaba afligida por su papá. Afligida por la distancia emocional y los malentendidos que los separaron por años. Afligida por la distancia física que le impedía estar presente en su funeral; funeral que ella misma planeó con tanto cuidado y al que ahora no podía asistir. La muerte de su padre le clavó más hondo el puñal del exilio.

Celia cantó con más fuerza. Cantar era su santuario. Como la superheroína musical que era, Celia necesitaba lo contrario de una fortaleza solitaria. Lo encontró en los teatros repletos de público en Ciudad México, donde su voz encarnaba las canciones de su patria.

En Cuba, Fidel perdía la paciencia. Declaró que cualquier ciudadano cubano que estuviera en el extranjero perdería su ciudadanía si no regresaba a la isla para octubre.

Regresa.

Vuelve a casa.

Ruega que te deje entrar antes de que cambie las cerraduras.

Celia nunca inclinó la cabeza ante nadie.

Se negó a regresar y se quedó en el exilio con la Sonora Matancera.

La Sonora Matancera entera alquiló apartamentos en el mismo edificio de Ciudad México. Empezaron a recuperar ese sentido de comunidad todos juntos.

Celia ya consideraba a los miembros de la orquesta como sus hermanos. El exilio fortaleció esos lazos familiares y añadió muchos primos nuevos cuando el edificio se llenó de más y más músicos en el exilio. Se sentía agradecida, pero también era práctica y entendía que este precario sentido de hermandad y hogar sería algo temporal, sobre todo en términos del edificio. En 1960, quien no fuera ciudadano mexicano, no podía ser dueño legal de ninguna propiedad y Celia no era ciudadana mexicana. Exiliada y sin patria, debido a los decretos de Fidel, no tenía ningún tipo de ciudadanía.

El proceso burocrático de convertirse en ciudadana de México era notorio por su dificultad. Celia lo intentó, pero no logró avanzar mucho. Comenzó a pensar en asentarse en un lugar más al norte. Entonces se complicaron las cosas con otro miembro de la Sonora Matancera.

Pedro Knight era uno de los amigos más íntimos de Celia desde la primera vez que ella fue a cantar para la Sonora. Hacía mucho tiempo que Celia se había hecho la promesa de no enamorarse de un músico. La conducta de Pedro en La Habana demostraba que lo mejor era honrar esa promesa. Ese hombre se había casado y divorciado dos veces ya. En los diez años desde que se conocían, Celia podía contarle al menos once novias. Ella no tenía ningún interés en ser la duodécima. Hasta que el exilio cambió las cosas para ambos.

Todo empezó en el avión, cuando Celia y Pedro se tomaron de la mano por instinto al Rogelio confesar que ya no regresarían a Cuba.

Todo continuó en México, donde Pedro era el único que la podía hacer reír.

Los dos se contaban todo, y por eso a Pedro le pareció correcto pedirle consejo a Celia cuando se percató de que se estaba enamorando de su mejor amiga. Celia lo alentó a que se lo contara. Pedro confesó que tenía miedo. Celia insistía en que si esta muchacha de verdad era su amiga íntima, lo más probable era ya lo sabía. Pedro debía confiar en ella. Fue en ese instante que los dos amigos se transformaron en algo más que amigos.

Los dos mantuvieron su relación en secreto, aunque vivían en un edificio de apartamentos lleno de cubanos exiliados que se morían por enterarse de cualquier chisme.

Celia y Pedro mantuvieron su secreto mientras la Sonora iba de gira por todo México como parte de una caravana de artistas, sin apenas tiempo para comer entre funciones. Era un ritmo extenuante, pero ese torbellino de trabajo también la sostenía. Era lo único que mantenía cerrada la herida del exilio —ni siquiera los ratitos secretos con Pedro, ni las llamadas semanales a Ollita. Madre e hija compartían novedades con cautela, pues sospechaban que las líneas telefónicas estaban intervenidas.

La voz de Ollita sonaba cada vez más débil.

Celia volcaba todas sus fuerzas en su voz.

Cantaba para estrellas del cine y políticos en fiestas privadas, y allí conoció al presidente de México, Gustavo Díaz Ordaz. El presidente Ordaz quedó encantado con Celia. No le pidió que cantara ninguna canción en particular y más tarde le envió de regalo un fino reloj con la inscripción "Para la voz de Cuba".

Aunque México le brindó su hospitalidad a la Sonora Matancera, Celia todavía se sentía inestable y a la deriva. Le encantaba Ciudad México y la comunidad de exiliados que había contribuido a construir. Ganaba buen dinero, cantando y grabando discos continuamente, pero a Celia le estaba vedado usar el dinero para comprar un hogar propio.

Celia seguía pensando en ciudades más al norte.

En julio de 1961, un año después de salir de La Habana, Celia aceptó un contrato como solista por una corta temporada en el teatro Paladio de Los Ángeles. Viajó sola, sin ninguna distracción de su trompetista alto y encontró claridad en la soledad.

Sus documentos de viaje mexicanos expiraron. Aunque eso significaba que, por el momento, no podría regresar, a Celia no le importó tanto, porque ya había decidido lo que quería y a dónde tenía que dirigirse.

Celia aceptó un contrato de otro teatro Paladio, esta vez en la ciudad de Nueva York.

CAPÍTULO CUATRO

UN AUTÉNTICO CABALLERO EN NUEVA YORK

En 1961 Cuba y Estados Unidos no se llevaban muy bien. Primeramente, Estados Unidos apoyaba una contrarrevolución para derrocar el nuevo régimen castrista. La Agencia Central de Inteligencia (la CIA por sus siglas en inglés) ayudó a más de mil exiliados cubanos que trataron de recuperar su hogar invadiendo playa Girón, cerca de la bahía de Cochinos. El apoyo estadounidense no fue de mucha ayuda, pues la invasión fracasó.

La respuesta de Fidel Castro fue declarar a Cuba una república socialista aliada a la Unión Soviética. Para evitar otros intentos de invasión alentados por Estados Unidos, solicitó ayuda militar rusa. Rusia estuvo de acuerdo. El enfrentamiento de ambos superpoderes en el Caribe casi desató una guerra nuclear.

Los Estados Unidos también le impuso un bloqueo a

Cuba con un embargo comercial, prohibiendo cualquier tipo de negocio con el país vecino. Aunque no suena tan terrible como un apocalipsis nuclear, el embargo causó mucha penuria. Este intento por hacerle daño al gobierno cubano solo logró lastimar al pueblo cubano. Cesó el intercambio de música y de mercancías entre Estados Unidos y Cuba. El diálogo y las colaboraciones musicales centenarias entre La Habana, Nueva Orleans y Nueva York se silenciaron repentinamente.

La Habana también sufría otro tipo de silencio. Los músicos exiliados no solo no podían ir físicamente a Cuba, sino que fueron borrados de la historia musical cubana. Sus discos y partituras se destruyeron, lo que incluía cualquier disco en que apareciera Celia Cruz cantando.

La voz de Cuba quedó prohibida en Cuba.

"Si no cantas para mí, no cantarás más".

En Nueva York todavía se escuchaban las canciones de Celia, aunque la ciudad le parecía un planeta desconocido a una chica de Santos Suárez. Los rascacielos rasgaban el cielo como los dedos de una inmensa mano y Celia no sabía si la ayudarían a elevarse o si se cerrarían como un puño a su alrededor.

Celia se mudó con cautela a un pequeño apartamento y comenzó a aprender inglés para comunicarse mejor con las peluqueras locales. Aunque eran expertas en peinados para cabello afro, a Celia no le gustaba sentirse incapaz de comunicarse con la persona que tenía el destino de su cabello en las manos.

Ese primer invierno en Nueva York fue una conmoción. Ver la nieve caer era pura magia, pero le parecía que las orejas se le iban a partir del frío y se iban a romper en pedazos al caer en la acera.

Celia trató de mantenerse caliente lo mejor que pudo

y virtió todo el calor humano de su voz en los oídos de Nueva York. Empezó a sentirse más acogida en ese mundo frío lleno de concreto, indudablemente gracias a un cambio sísmico en la ley de emigración de Estados Unidos: los refugiados cubanos ahora podían solicitar residencia permanente en el país.

Como siempre, Celia era una fuerza magnética para forjar hermandad comunitaria y se rodeó de la diáspora cubana —incluyendo a la Sonora Matancera que dejó México y se fue detrás de Celia a Nueva York. Tan pronto la orquesta se volvió a reunir, Celia se mudó con Pedro, el trompetista alto. Rogelio Martínez no podía creerlo, no por el hecho de que tuvieran una relación, sino porque fueron capaces de ocultarla tanto tiempo.

El teatro Puerto Rico en el Bronx enseguida contrató a la Sonora Matancera para que siguieran haciendo lo que hacían mejor. Rogelio, siempre tan disciplinado y exigente con la excelencia musical de la orquesta, los tenía ensayando todos los días, hasta que recuperaron la fluidez musical de antes. Celia y Pedro se escapaban cada vez que podían a pasear por las afueras de la ciudad; ciudad que cada vez más percibían como su hogar cuando emprendían el camino de vuelta. Triunfaron como músicos profesionales en la ciudad de Nueva York, algo muy difícil de lograr en cualquier década. Celia ganaba lo suficiente para seguir enviando dinero a casa para el cuidado médico de Ollita.

En abril de 1962, la noche antes de que debutara la Sonora Matancera en el teatro Puerto Rico, Celia soñó con su mamá.

"No olvides que siempre estaré contigo," le dijo Ollita en el sueño.

Celia se levantó sonriendo, contenta por haber soñado con su madre y llena de la emoción que siempre sentía justo antes de inagurar un espectáculo. Se fue a que le arreglaran las uñas, saboreó la elegancia expresiva que llevaba en la punta de los dedos y regresó a su apartamento canturreando.

Pedro estaba hablando por teléfono cuando Celia llegó. Estaba de espaldas. Su voz sonaba grave. No se dio cuenta cuando Celia abrió la puerta. Ella estaba a punto de llamarlo por su nombre, cuando le oyó decir que Ollita había muerto esa noche y Pedro no sabía cómo se lo iba a decir a Celia.

Hay algo que tenemos que mencionar antes de interrumpir este momento de duelo y tristeza.

Celia Cruz siempre creyó en la honestidad catártica de

expresar sus emociones. Eso no significa que no tuviera control. Fíjate lo bien que mantuvo secreto su romance con Pedro en Ciudad México, a pesar de que todos vivían juntos en un edificio de apartamentos lleno de músicos que extrañaban su hogar y se morían por saber todos los chismes. Fíjate con que porte y diplomacia se negó a cantar la canción favorita de Fidel Castro. Celia era disciplinada, discreta y muy privada. Nada de eso contradice ser auténtica con sus emociones, un poder que brillaba con la luz de mil soles cada vez que estaba en el escenario.

Celia Cruz creía en vivir lo que verdaderamente sentía.

Cuando supo que Ollita había fallecido, Celia lanzó un grito.

Pedro no podía consolarla. Los vecinos y amigos no podían consolarla. El resto de la Sonora Matancera acudió enseguida para tratar de consolarla. Celia no se consolaba. Gritaba el nombre de Ollita, una y otra vez, incapaz de decir otra palabra, por lo menos hasta que Pedro sugirió cancelar el espectáculo de esa noche. ¿Cómo podían insistir en que Celia cantara si los cimientos de su mundo se habían derrumbado?

Pero Celia tampoco quería eso. No permitió que se

hablara más de cancelar la noche de estreno de la Sonora Matancera en Nueva York. Necesitaba cantar. Necesitaba el santuario que solo podía encontrar en el escenario y lo encontró en el teatro Puerto Rico en el Bronx.

La Sonora Matancera conocía mejor que nadie la historia de la música cubana. Una historia que seguía viva, a pesar de los brutales silencios del embargo y la censura que ejercían ambos gobiernos. Esa historia continuaría desarrollándose en ambas naciones con melodías y ritmos ancestrales que seguían cautivando nuevos instrumentos.

Un momento poderoso en la historia de la música ocurrió el 7 de abril de 1962, cuando Celia compartió su alegría feroz con el público, escondiéndose tras bastidores a beberse las lágrimas entre canción y canción.

Al día siguiente, el 8 de abril, la Guarachera de Cuba se enfrentó otra vez con El Comandante. Celia Cruz pidió formalmente el permiso del régimen para estar presente en el funeral de su madre en La Habana.

Fidel Castro nunca le perdonó a Celia haberse negado a cantar y a regresar a Cuba cuando se lo había ordenado. Ahora Fidel se aprovechó para vengarse y no le permitió regresar.

Los dictadores se definen por ser mezquinos.

Celia era fiel creyente de vivir lo que estaba sintiendo. No le permitieron estar presente en el funeral de Ollita. Ese día Celia sintió más rabia e desesperación que en ningún otro momento de su vida.

Celia Cruz juró que jamás volvería a poner un pie en suelo cubano mientras Fidel Castro estuviera vivo.

Nueva York se convirtió en su nuevo hogar. Tanto Celia como Pedro habían decidido que allí se establecerían y la propia ciudad parecía darles la bienvenida. Poco después de la muerte de Ollita, su hija se convirtió en la primera latina en cantar en el Carnegie Hall.

Ese mismo verano Celia y Pedro se casaron en una ceremonia civil sencilla el 14 de julio, casi dos años exactos desde que se habían exiliado juntos. Celia era católica, pero para casarse por la iglesia necesitaba el acta de bautismo que estaba perdida en Cuba, así que en vez de una ceremonia elaborada, su matrimonio con Pedro comenzó íntimamente en la sala del juez con un intercambio de votos. Era todo lo que necesitaban en ese momento. Luego se fueron a comer a un restaurante local.

Celia seguía forjando una comunidad con sus colegas refugiados. El régimen castrista se refería a los cubanos exiliados como "gusanos". Celia los llamaba familia.

Celia estaba preocupada por su hermana menor Gladys que siempre decía lo que pensaba, algo muy peligroso en La Habana de Castro. Celia hizo arreglos para que su hermana menor viajara de Cuba a México y desde allí la ayudó a encontrar asilo en Nueva York.

Ollita ya no estaba. Pero la familia, a pesar de quedar separada, siguió prosperando.

La carrera de Celia seguía prosperando. Se arriesgaba más en el escenario, improvisaba letras cada vez que la música o el momento la inspiraban. Celia pasó revista de su vida para entender de dónde venía, dónde había aterrizado y qué era lo quería para el futuro.

El contrato con Seeco Records era exclusivo. Especificaba que Celia Cruz sólo podía grabar con la Sonora Matancera. Aunque Celia amaba a su familia orquestal, también se sentía estrangulada creativamente grabando siempre las mismas canciones clásicas en los discos, una y otra vez. Celia anhelaba también trabajar con otros músicos y crear nuevas colaboraciones.

Sydney Siegel —el mismo hombre que se había negado a que Celia grabara discos hasta que Rogelio lo convenció— ahora le rogaba que se quedara con Seeco Records. Celia no aceptó. Siegel hasta lloró cuando firmó su liberación de contrato.

Celia y la Sonora continuaban de gira por todo el país y

el mundo —a veces juntos, pero cada vez más por separado. Pedro Knight todavía tocaba trompeta con la Sonora Matancera y las giras lo alejaban cada vez más de Celia. Los recién casados intentaban encontrarse en ciudades lejanas siempre que podían, pero no era suficiente. Esta no era la vida que habían escogido vivir cuando intercambiaron sus votos frente al juez.

Pedro había estado casado ya dos veces. En ambas ocasiones había escogido la música por encima del matrimonio. Esta vez guardó la trompeta, dejó a la Sonora Matancera con la triste bendición de Rogelio y juró apoyar la carrera de Celia por encima de la suya propia. Finalmente, Pedro se ganó el honor que conlleva su apellido "Caballero".

Celia Cruz prestó juramento para convertirse en ciudadana americana en el tribunal de Brooklyn, finalizando así sus largos años sin patria y sin ciudadanía. Usó su voz para rehacer su comunidad, su familia y su hogar a miles de millas al norte de su antiguo vecindario en el sur de La Habana. Volvió a disfrutar de una sensación de pertenencia; sensación que su admirador más peligroso había intentado confiscar.

"En el exilio" declaró Celia, "he aprendido a ser cubana de una forma que tal vez no hubiera sido posible si me hubiera quedado en Cuba".

Cuando Celia salió del tribunal de Brooklyn con los papeles de naturalización en la mano, gritó de alegría.

CAPÍTULO CINCO

AZÚCAR Y SALSA

Lanzado en 1974, el álbum *Celia & Johnny* vive todavía en la red y se encuentra fácilmente en diferentes sitios de transmisión. El álbum también vive en las tiendas de discos, circulando todavía en CD y en vinilo. El álbum vive.

Celia & Johnny es el primer álbum grabado de la colaboración entre Celia Cruz y Johnny Pacheco, el músico, compositor, productor y cofundador de Fania Records, de origen dominicano. En la carátula Johnny tiene la mano de Celia entre las suyas, respetuoso y encantado de colaborar con la Voz de Cuba. Celia está sonriendo al lado de Johnny como una tía orgullosa. En la contra portada aparecen sentados espalda con espalda. La foto que aparece en el CD los muestra en el escenario, ambos ya mucho mayores y ambos riendo.

"Químbara" es la primera pista del álbum y Celia tuvo que discutir con los productores del disco para mantenerla. Ella insistió en que la letra del joven compositor Júnior Cepeda, dramatizaba una conversación entre los diferentes tipos de tambores.

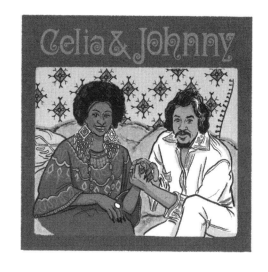

Nadie sabe exactamente lo que significa la palabra "químbara". Casi todos están de acuerdo en que viene de alguno de los muchos lenguajes africanos obligados a formar parte del coro caribeño. Algunos deducen que significa una vida bien vivida, una forma de caminar que se convierte en baile y una forma de bailar que combina el abandono con la precisión.

Busca la canción y escúchala. Presta mucha atención a cómo Celia ilustra y encarna esa ambigua definición de "químbara" cuando repite la palabra una y otra vez. Intenta seguirla mientras sigue cantando, pronunciando la palabra con claridad perfecta. Las tres sílabas son tan brillantes y precisas como los zunzunes volando de flor en flor para beber el néctar, cada repetición de la palabra es como una ola juguetona que te tumba en la playa.

La voz de Johnny ofrece apoyo. Pero Celia no lo necesita. La voz de Johnny desaparece. Las trompetas entran en fanfarria anunciando lo que viene después. Celia canta un ratito sobre la canción misma. Un minuto y veinte segundos más tarde, Celia exclama de pronto, "¡Azúcar!".

Esa palabra llega con un rugido y una sonrisa, como si Celia quisiera darle un mordisco al micrófono allí mismo en el estudio. Celia la pronuncia como si estuviera evocando el sabor de aquel *cake* de la victoria que ganó en su primer concurso de canto en La Habana. La pronuncia como si esa palabra fuera solo suya; como si esa palabra fuera un íntimo secreto que ahora también te pertenece a tí.

En la voz de Celia, azúcar significa mucho más que sólo azúcar.

Así contó la historia Celia:

Estaba en Miami, comiendo con amigos en uno de sus restaurantes cubanos favoritos. (Siempre estaba rodeada de amistades. Celia siempre hacía amistades en todas partes y las apreciaba mucho.) Después de una excelente comida, que no llegaba a ser tan buena como la ropa vieja de Ollita, Celia pidió un café.

El mesero preguntó si quería azúcar.

Celia se quedó asombrada. ¿Cómo era posible preguntarle a una mujer cubana que hablaba español con acento cubano en un restaurante cubano si quería azúcar para el café?

Sonrió y se inclinó hacia al frente. Sus años de maestra le recordaron que ésta era una oportunidad para enseñar. "Mira, chico", le dijo al joven mesero. "Tú sabes que el café cubano es bien fuerte y amargo. ¡Así que dámelo con azúúúcar!".

Todos en la mesa empezaron a reírse por las vocales extras que Celia le añadió a la palabra.

CAFÉ CUBANO

CAFÉ CUBANO usualmente significa café expreso hecho en la estufa con mucha azúcar espesa y nada de leche. El jarabe de azúcar espesa se hace echando las primeras gotas de expreso hirviendo en una cuchara grande de azúcar de caña. Este tipo de café es el que Celia pidió en su restaurante favorito en Miami. Es lo que bebía todas las mañanas cuando Pedro le traía una taza de café cubano a la cama.

CAFÉ CON LECHE es un vaso grande de leche tibia con la misma cantidad de azúcar de un batido y mezclado con un poco de expreso. Es la bebida que Ollita le hacía a Celia cuando era niña.

Un CORTADITO es el primo raro de la familia de cafés cubanos, endulzado con una gota de leche, en vez de azúcar; la lactosa de la leche se carameliza un poco cuando se mezcla con el expreso caliente, así que, técnicamente hay azúcar. Este es el café que prefieren los cubanos que sufren diabetes.

El PECADO es el primo más indulgente de la familia de café cubano. La palabra significa "acción de pecar" y también "café expreso mezclado con leche condensada". La Abuela Claudia, un personaje cubano de *In the Heights* de Lin-Manuel Miranda y Quiara Alegría Hudes, invoca este pecado dulce, tanto en la versión de teatro como en la película.

> Si quieres las recetas de los cuatro cafés, puedes leer *The Cuban Table: A Celebration of Food, Flavors, and History* de Ana Sofía Peláez y Ellen Silverman.

Celia contó la historia del restaurante durante el espectáculo esa misma noche, entre una canción y otra, porque era una oportunidad para enseñar. Todo el público reía a carcajadas por la forma en que Celia enfocaba su voz en esa palabra clave.

La siguiente noche la audiencia exigió escuchar de nuevo la historia del restaurante. La tercera noche pasó lo mismo. No se cansaban de oír la historia y Celia se cansó de repetirla, así que con el tiempo condensó la historia en una sola palabra, "¡AZÚCAR!".

El público se puso de pie inmediatamente y aplaudió con furor.

Después de eso, Celia ponía azúcar en casi todos sus discos y espectáculos.

Imagínate ese primer momento, en el escenario de Miami, cuando Celia provocó que todos se pusieran de pie y la aplaudieran con sólo decir una palabra. "Azúcar" para ese público era mucho más que algo que endulza el café. Significa mucho más cuando Celia la invoca en "Químbara", dónde "azúcar" se mezcla con el título para describir una vida bien vivida, una forma de caminar que se convierte en baile y una forma de bailar que combina abandono y precisión.

"Azúcar" hace hincapié en que la vida es un carnaval, aun en el exilio.

"Azúcar" canta en el escenario la noche de estreno aunque la azoten abrumadoras olas de pena que se estrellan tras bastidores después de cada canción.

"Azúcar" encuentra alegría en sus penas y las pone a cantar.

"Azúcar" significa saborear la amargura y la dulzura también.

Celia siempre fue una maestra. Entendía el peso completo del azúcar en su vida y la de su familia, en la sangre de su isla natal y en la sangre derramada por siglos de dominación colonial. Esa historia amarga es la razón por la que el público de Miami se puso de pie. Porque la historia del azúcar caribeña es también la historia de la esclavitud.

Cristóbal Colón trajo el azúcar en su segundo viaje a

través del Atlántico. Para cultivar la caña, esclavizó a los indios taínos y a los caribes, difamándolos al llamarlos caníbales para que la reina Isabel de España se sintiera mejor con la esclavitud. Así como los europeos consumían hambrientos el azúcar que ellos cosechaban, producir azúcar consumió las vidas de los indígenas del Caribe. Esa misma hambre impulsó la trata de esclavos. La caña de azúcar se convirtió en el oro blanco de La Habana y su riqueza era codiciada por España, Inglaterra y, con el tiempo, la joven nación de Estados Unidos.

Cuando era niña, Celia escuchaba las historias de la guerra de independencia que le contaba su abuelo, un mambí veterano de la guerra contra el gobierno colonial español. Cuando era una joven estrella de la radio, Celia viajaba por toda Cuba con la Sonora Matancera y cantaba en fiestas privadas en lo que eran antiguas haciendas. Como perenne estudiante —y maestra— de la historia musical y la cultura cubana, Celia sabía que las tradiciones afrocaribeñas que dominaba habían nacido de la diáspora.

Celia también tenía razones más personales y preocupantes para no fiarse del azúcar, pues su marido era diabético. Estaba muy pendiente de los niveles de azúcar en la sangre de Pedro, insistiendo en cocinarle para mantenerlo saludable. Cada mañana, Pedro usaba bastante azúcar para prepararle el cafecito cubano a Celia, pero por razones médicas, él no podía ponerle azúcar a su café. Celia bromeaba que su azúcar era la única que Pedro podía comer. Ella sabía que el azúcar era peligrosa. Sabía que la historia del azúcar era sangrienta. Celia era una autoridad de la música que nació de la historia del azúcar, y ella endulzaba con azúcar las canciones de pérdida y dolor, igual que las canciones de dicha y celebración. Invocar el azúcar caribeña es saborear la amargura mezclada con la dulzura.

Celia se afanaba para que el pasado, presente y futuro siguieran dialogando; lo hizo durante toda su carrera. Cantar canciones clásicas de su isla no era sólo una expresión de nostalgia por su hogar perdido. Como mujer negra y cubana en el exilio se consideraba miembro de más de una diáspora. Desde aquella primera vez en que la joven Celia se sentó a escuchar a sus vecinos cantando en lucumí, hasta el momento en que grabó "Yo viviré", la última canción de su último disco, Celia siempre supo que la música de sus ancestros era un acto de supervivencia. Cuando era estrella de la radio, estudió el son, la rumba, el chachachá, el bolero, el mambo y el danzón —todos y cada uno de los ritmos de la música afrocubana que pudo encontrar. Estudió la música y el idioma lucumí con Obdulio Morales, el santero director de música del club Tropicana y también grabó canciones de alabanza a los orishas del panteón lucumí con la Sonora Matancera.

A principios de la década de 1950, Celia encabezó el espectáculo Sun Sun Ba Baé, una celebración de la cultura afrocubana que incluía canciones y letras lucumí. Allí comprendió que la canción titular probablemente significaba "hermoso pájaro del alba", aunque algunos insistían que "sun sun" significaba "lechuza". Cuando Celia cantaba "Sun sun ba baé", honraba a un

pájaro que canta al romper el alba o a un cazador nocturno —significaba el principio, el fin, o ambos a la vez.

También se preguntaba si "sun sun" se refería a "zunzún", el nombre cubano del pájaro más pequeño del mundo. Décadas más tarde, y a más de mil millas al norte del hogar del zunzún, Celia le explicaría a Abelardo (Big Bird por su nombre en inglés) sobre el pequeño pájaro zumbador, mientras aparecía como estrella invitada en el programa Plaza Sésamo. Es que siempre fue una maestra y siempre tenía en cuenta el pasado cuando le hablaba al futuro.

En español salsa significa un aliño, un condimento. En todos los supermercados de Estados Unidos, salsa se refiere a una salsa picante que puede ser menos picante, mediana o muy picante para comer con tortillas de maíz o para mezclar con platos de habichuelas y guisos. Cuando se refiere al género musical, la palabra salsa está muy debatida.

Cuando Johnny Pacheco lanzó Fania Records por primera vez en 1964, empezó a referirse a todo tipo de ritmos bailables cubanos con el nombre de salsa.

Tito Puente, el monarca puertorriqueño del mambo y experto en todo tipo de música tradicional cubana, detestaba ese término.

"¿Qué salsa?", le decía a Celia. "La salsa se come no se baila".

Celia se reía y estaba de acuerdo con Tito. Ni siquiera le gustaba el sabor de la comida picante, a pesar de todas esas veces que sus amigos mexicanos trataron de compartir con ella sus deliciosos platos.

"No me gusta sufrir cuando estoy comiendo", les decía Celia.

A pesar de no gustarle la salsa para comer, Celia agradecía los proyectos de Johnny Pacheco. Los discos que grabó con el gran Tito Puente no se vendían bien. La música que amaba, vivía y respiraba estaba desapareciendo en los Estados Unidos.

El rocanrol llenaba las salas de concierto en la década de 1970. La música disco se apoderó de las pistas de baile. Los hijos de emigrantes que se criaban en los Estados Unidos, estaban atrapados entre dos mundos, tratando de encajar en el mundo nuevo que era mucho más ruidoso. Los jóvenes cubanoamericanos se alejaron de la nostalgia musical de sus padres y abuelos exiliados.

No es sorprendente que las distintas generaciones tengan diferentes gustos en música y bailes. Los estilos cambian. Cada nueva generación inventa nuevos ritmos y nuevos pasos de baile para avanzar en este mundo. Al exilio cubano, esto le parecía más amnesia que novedad. Los casi olvidados boleros, guarachas y pregones eran algo más que canciones bailables de días pasados. Esa música capturaba las voces de la patria, a veces, literalmente.

Los pregoneros eran vendedores ambulantes en Cuba que pregonaban o cantaban sus mercancías. Un pregón es un grito, un argumento de venta musicalizado.

Las memorias en verso de Margarita Engle, *Enchanted Air*, describen sus visitas cuando era niña a Cuba y el recuerdo de una prima mayor bailando al ritmo de la canción del vendedor de helados. Su libro ilustrado *A Song of Frutas* también dramatiza el canto de un vendedor ambulante.

Beny Moré, otro reconocido cantante cubano, trabajaba como pregonero cuando llegó a La Habana a sus diecisiete años. Su trabajo como músico en vías de hacer carrera era cantar las virtudes de las frutas apolismadas que vendía en un carromato por las calles.

Después de la revolución Beny se quedó en La Habana, pero no vivió mucho tiempo. En 1963 le falló el hígado cuando Beny solo tenía cuarenta y tres años. Mientras tanto, el régimen castrista prohibió los pregoneros, acabando así con una vieja tradición y silenciando el coro de voces de las ciudades cubanas. Esta prohibición pudo haber ocurrido porque los pregoneros le recordaban a Fidel el canto de Celia Cruz. Al principio de su carrera musical en la radio, Celia era muy conocida por sus pregones como "El yerbero moderno", basado en los pregoneros que vendían albahaca fresca, y "El pregón del pescador", basado en el canto del vendedor de pescado.

En 1973, diez años después de la muerte de Beny Moré, Celia cantó con otros músicos exiliados en un concierto para rendirle tributo al gran cantante fallecido. Celia se percató de que el público que había acudido a ese concierto eran todos viejos. Nadie pudo convencer a los jóvenes para que asistieran.

Las voces de la patria estaban desapareciendo.

Celia grabó por primera vez "El yerbero moderno" con la Sonora Matancera a principio de los años 1950. En 1974 volvió a grabar la misma canción con Johnny Pacheco, pero ahora se grabó al ritmo de la salsa en vez del pregón y, de pronto, todo el mundo quería oírla. El público de todas las edades acudió a los conciertos de salsa. Jóvenes y viejos se encontraron en la pista de baile.

Las voces del pasado todavían tenían un futuro.

Otros ritmos musicales latinoamericanos se añadieron a la salsa, lo que irritaba sobremanera a los puristas como Tito Puente. A Tito le entristecía algo que consideraba fundamental, la desaparición de los nombres, identidades y tradiciones individuales que ocurrió cuando la disquera de Johnny lo convirtió todo en simplemente salsa.

Celia todavía se negaba a comer comida picante, pero insistía en que la salsa contribuía a rescatar las distintas tradiciones para que no murieran. A menudo se le exige a los emigrados que cambien de nombre para que sus nuevos vecinos puedan pronunciarlos más fácilmente; ahora la música que Celia amaba, vivía y respiraba no solo sobrevivía, sino que prosperaba en Estados Unidos bajo un nuevo nombre.

A Fidel tampoco le gustaba el nuevo nombre, hecho que a Celia le encantaba. La declaración oficial del régimen castrista fue que la música salsa no existía; el término no era más que una estrategia de mercadeo barata. Los músicos cubanos sancionados oficialmente por el régimen castrista no tocaban salsa. La Orquesta Aragón, una de las sancionadas, salía de gira por países de América

Latina tocando "verdadera música cubana",—incluyendo Venezuela, donde Celia y Johnny estaban tocando salsa en el mismo hotel. Después de la media noche, la Orquesta Aragón salió de su sala vacía, empacó sus instrumentos y se unió a la muchedumbre que había en el salón de baile donde Celia cantaba.

La palabra "salsa", aclaremos, sí era una estrategia de mercadeo. Fania le puso un nombre nuevo a la música bailable cubana para vender más discos y más entradas de concierto; lo que sí funcionó. Sin embargo, el uso que Celia le daba al nuevo género musical era más comunitario que mercenario. En cada álbum se aseguraba de incluir bombas puertorriqueñas y merengues dominicanos con las guarachas que grababa para sus colegas cubanos. En México colaboraba con mariachis para cantar canciones populares mexicanas. Celia se aseguraba de que la salsa no consumiera cada sabor distinto de la música latina. Su propósito era celebrar y abarcar un sentido más amplio de lo que significa ser latino.

"La música nos brindó una causa en común", declaró el legendario Willie Colón sobre el amplio alcance de la salsa. "Nos hizo visibles los unos a los otros".

Miles y miles de fanáticos fieles coronaron a Celia Cruz como "La Reina de la Salsa" y ella reinaba sabiamente.

Este capítulo de la historia de Celia, celebra las traducciones caóticas. Aunque Celia hablaba inglés, sentía vergüenza de su fuerte acento y bromeaba con que su *"English isn't very good-looking"*. Casi nunca cantaba en inglés. Cantaba letras en español, ocasionalmente en lucumí y hacía improvisaciones —un regalo que aceptó del jazz y tradujo para la salsa. Una de las pocas excepciones ocurrió en Plaza Sésamo en 1994, cuando Celia cantó en inglés una adaptación de la canción favorita de Fidel Castro, acompañada por un coro de marionetas. Esta acción pudo haber sido una puya juguetona para su peligroso admirador.

La palabra "salsa" es difícil de traducir. Para Fania Records significaba dinero y, para el rey del mambo Tito Puente, significaba una salsa culinaria. Celia se apropió el término "salsa" para que significara la supervivencia de la música desplazada y exiliada de su corazón y su patria.

Transformó la palabra "azúcar", convirtiéndola en un himno público y una promesa susurrada en privado.

La definición de "químbara" puede ser un misterio, pero cuando Celia la canta su significado está claro.

Busca la canción y vuelve a escucharla.

Deja que su voz te enseñe los muchos significados de "químbara" y "azúcar".

CAPÍTULO SEIS

SU REAL MAJESTAD

Su majestad Celia Cruz reinó el último tercio del siglo XX y su presencia escénica era todo lo que se podía esperar de un miembro de la realeza. Sus espectáculos ofrecían amor y bondad mezclados con un brillo incandescente, como si tu tía favorita se hubiera transformado en el sol, la luna y las estrellas.

Cada año que pasaba, su estilo era más brillante y extravagante. Se ponía pelucas más exageradas y tacones más altos con orgullo, seguía deleitándose en la elegancia

de sus uñas largas que le habían impedido aprender el piano cuando joven y brillaba en escena con vestidos cubiertos por toda una galaxia de lentejuelas. Ver a Celia era toda una celebración.

Detrás de todo ese glamuroso encanto, el calor humano de Celia nunca se extinguió. Siguió siendo la cantante amorosa, genuina y de gran corazón que vertía su alegría intensa en cada canción y el público la adoraba.

Las inclemencias del tiempo no podían detenerla. Cantaba al aire libre bajo tormentas y los truenos se sumaban a los aplausos entusiastas del público empapado por la lluvia. Celia detestaba cancelar espectáculos y desilusionar a su público.

Una vez se rompió el tobillo bajando del escenario. No había tiempo para que el doctor la examinara antes de empezar a cantar. Celia siguió cantando, a pesar del dolor que sentía y ese dolor lo transfirió a su música como siempre hacía.

Tan pronto como los médicos confirmaron que se había roto un hueso y la enyesaron, Celia acudió a otro espectáculo. El yeso terminó de secarse bajo las luces del escenario. Luego, Enrique Arteaga, el diseñador de ropa de Celia, le hizo unas botas especiales de lamé dorado para ponerse encima del yeso. Celia viajó en avión a República

Dominicana y calzó orgullosa las botas de lamé dorado en el escenario.

Cuando Celia cantó en el carnaval de Tenerife, la mayor de las Islas Canarias, se quedó maravillada de ver una multitud, tan grande como un océano, en su concierto. Miles y miles de personas acudieron, rompiendo los récords para la mayor audiencia en la historia de un concierto. Celia le cantó "Bemba colorá" a ese vasto océano de personas y el sonido de todas esas voces cantando con ella parecía llegar al cielo.

Celia se tomaba la responsabilidad de entrar en escena muy en serio", declaró Marc Anthony, su estimado colega salsero. "Era maravilloso verla sentada callada y serena tras bastidores antes de que le tocara su turno. Desde el momento en que la orquesta tocaba el primer acorde, ella se convertía en una presencia gigantesca. Jamás desilusionaba a su público".

La super estrella cubana Gloria Estefan concuerda con Marc Anthony:

"Cuando Celia subía al escenario, era como si el mundo se paralizara".

Celia balanceaba la extravagancia de sus espectáculos con rituales privados y rutinas familiares que le ayudaban a transformar cada nuevo cuarto de hotel en un hogar temporal. Como muchos artistas que interpretan en vivo, era muy supersticiosa, evitaba los cuartos de hotel con el número trece y estaba prohibido silbar en su camerino.

Lo primero que hacía Celia cada vez que llegaba a un hotel nuevo era pedir papelería extra del hotel para escribirles cartas a sus familiares y amigos. Nunca olvidaba aniversarios ni cumpleaños, siempre enviaba tarjetas de Navidad y escribía cartas constantemente a los sobrinos y sobrinas que había acumulado —algunos eran parientes y otros eran hijos de amigos queridos, pero todos semiadoptados por Celia Cruz.

Cada vez que se instalaba en un cuarto nuevo, Celia primero llamaba a su hermana Gladys en Nueva York para avisarle que había llegado bien. Después Celia construía un pequeño altar con un rosario, velas e imágenes de santos —sobre todo San Cristóbal, el patrón de los viajeros— y fotos enmarcadas de los hijos de Gladys. Lo primero que Celia quería ver al regresar al hotel después de cantar y encender la luz, eran las fotos de su familia.

Pedro viajaba con ella a todas partes. Se convirtió en un caballero fiel a su servicio y manejaba todas las cosas mundanas para que Celia no tuviera que hacerlo.

Celia y Pedro decidieron celebrar sus veinticinco años de casados con una fiesta magnífica que no hubieran podido pagar (y tampoco deseaban) cuando se casaron en 1962 en una sencilla ceremonia civil.

Enviaron invitaciones a todos los rincones del mundo. Celia puso la hora incorrecta en las invitaciones para tomar en cuenta "la hora cubana" (una zona de tiempo distinta y sin prisas). Quería asegurarse de que sus invitados cubanos llegaran a tiempo.

Celia comenzó el día de su fiesta con su acostumbrado café cubano y se consintió con un baño hecho para una reina. Su amiga y peluquera Ruth Sánchez, que era responsable del estilo cada vez más excéntrico de La Reina en los escenarios, usó su magia y le adornó el pelo con flores silvestres.

Mary, Zoila y Brujita volaron desde Miami para ayudarla con las diligencias de última hora. Las tres eran las amigas más queridas de Celia, las que la recogían en el aeropuerto y la llevaban al Santuario de Nuestra Señora de la Caridad, comúnmente llamado la Ermita de la Carida, en Coconut Grove cada vez que Celia viajaba a esa capital de la cubanidad en Estados Unidos. Ahora se aseguraban que todo saliera bien en la fiesta.

(Brujita adquirió ese apodo cuando era niña, porque le gustaba ponerse bufandas y pañuelos en la cabeza. Los cubanos se distinguen por ponerle sobrenombres y apodos a la gente, a las cosas y a todo.)

Llegó la familia. Gladys, la hermana de Celia, estaba con su esposo y sus tres hijos. Los hermanos de la Sonora Matancera celebraban con sus músicos y colegas de Fania All-Stars. La propia Celia no paró de bailar hasta que le dolían los pies. Bailó tanto como cuando tenía catorce años y acudió a su primer carnaval en La Habana.

La Reina de la Salsa recibió más honores y más premios durante su larga carrera que los que podemos contar en estas escasas páginas. La ciudad de Nueva York le otorgó el Premio de Honor del Alcalde por el Arte y la Cultura junto a Toni Morrison, la escritora ganadora del Premio Nobel. Miami cambió el nombre de la calle Ocho en la Pequeña Habana para nombrarla Celia Cruz Way. ¡Hasta le pusieron su nombre a un asteroide!

Celia no paraba de recibir nominaciones a los premios Grammy; la noche en que ganó sus primeros cinco premios Grammy lució una peluca azul brillante. Hollywood le dedicó una estrella en el Paseo de la Fama, luego de recibir miles de cartas exigiendo ese reconocimiento.

Así fue como surgió la estrella en Hollywood Boulevard: el DJ Pepe Reyes se quejó en el aire por la indiferencia de Hollywood con los artistas latinoamericanos, mencionando a Celia como un ejemplo perfecto. ¿Por qué razón no existía ya una estrella para Celia Cruz?

La periodista Winnie Sánchez estaba escuchando el

programa y se le ocurrió hacer una campaña. Se comunicó con Pepe Reyes que difundió la noticia por la radio. Sus radioescuchas enviaron cartas a favor de Celia a la Cámara de Comercio de Hollywood, el organismo que escoge a las estrellas que consideran elegibles.

La Cámara de Comercio estaba muy confundida y un poco molesta cuando empezaron a llegar esas cartas. Así no funcionaba el proceso de seleccionar las estrellas. Se comunicaron con el DJ Pepe en la estación de radio para preguntar tímidamente, "¿Quién es Celia Cruz?".

Una avalancha de cartas seguía llegando. La campaña se extendió por todas las radioemisoras en español de Estados Unidos. Tantos años después de que los radioescuchas cubanos escribieran cartas molestos a Radio Cadena Suaritos, con la esperanza de que despidieran a Celia de la Sonora Matancera, una nueva generación clamaba por que se la reconociera y honrara.

La campaña funcionó. El Paseo de la Fama en Hollywood añadió la estrella de Celia Cruz a su constelación. La Cámara de Comercio se comunicó con Pepe Reyes para anunciar la noticia en su programa de radio. Winnie Sánchez se lo informó a Celia que pensaba que todo era mentira hasta que lo vio por escrito.

Llegaron más elogios y reconocimientos. La Universidad

de Yale le otorgó a Celia un doctorado honorario por su contribución a la música. Durante la ceremonia de graduación en Yale, Celia recordó otra graduación en La Habana, cuando su maestra favorita la exhortó a seguir su vocación musical. Ese recuerdo le demostró a Celia que había podido honrar tanto los deseos de su padre, como los suyos propios, pues nunca había dejado de ser maestra. Celia enseñaba música y el mundo entero era su salón de clase. El público graduando de Yale la aplaudió de pie cuando Celia recibió su diploma en el estrado.

Menos de un mes más tarde, Celia y sus hermanos en la música se unieron otra vez en concierto para celebrar el setenta y cinco

aniversario de la Sonora Matancera. El público permaneció de pie todo el espectáculo, desde que la música empezó a sonar. Al final aplaudieron durante cinco minutos sin parar. (Cinco minutos no suena tan largo y por eso te invito a que pongas un reloj y comiences a aplaudir. Imagínate que estás en una muchedumbre con miles más. Fíjate bien lo que se tarda en marcar los cinco minutos el reloj.)

Uno de los homenajes más extraños que le rindieron a Celia fue la creación de una muñeca tamaño Barbie que cantaba "Guantanamera", con una vocecita metálica y gritaba "¡Azúcar!". La muñeca no sonaba como Celia. El tono clarito de su piel plástica no se parecía al tono oscuro de la piel de Celia tampoco. A pesar de eso, Celia promocionó la muñeca porque todas las ganancias eran para que su amiga y peluquera Ruth Sánchez pudiera pagar los gastos médicos de su hijo.

De vez en cuando algún periodista le preguntaba a Celia su opinión sobre Fidel Castro. A todos les contestaba que se fueran a molestar a Fidel y le preguntaran qué pensaba él de ella.

El ancho mundo adoraba a Celia Cruz como una reina musical, pero en su isla natal su voz permanecía prohibida y silenciada. La embajadora cultural cubana más querida era bienvenida en todas partes menos en su casa.

Luego de la muerte de Ollita, Celia juró jamás poner un pie en suelo cubano mientras Fidel Castro estuviera vivo. Mantuvo al pie de la letra ese juramento, pero también aprovechó una fascinante ambigüedad.

En 1990 Celia recibió una invitación para dar un espectáculo en la base naval estadounidense de Guantánamo —un pequeño territorio norteamericano en el sureste de Cuba que la marina de guerra estadounidense reclamó en 1903. Celia podría volver a la isla brevemente sin abandonar Estados Unidos.

Aceptó la invitación.

Habían pasado treinta años desde que Celia y Pedro habían salido de La Habana en un avión directo al exilio. Ahora ambos se montaron en otro avión y volvieron a casa para regresar a una Cuba que no era la que habían dejado atrás.

GUANTANAMERA

La historia de la canción más famosa de Cuba es un poco confusa y se disputa con frecuencia; el músico Joseíto Fernández probablemente compuso la canción de amor original sobre una muchacha campesina de Guantánamo en 1929. Algo en esa melodía resultó ser la base ideal para improvisar letras nuevas y Fernández usaba la misma melodía para cantar los sucesos de actualidad en su programa de radio.

Luego el compositor Julián Orbón tomó como base la tonada y la combinó con los versos de José Martí, el poeta nacional de Cuba. Martí murió luchando contra España por la independencia cubana, pero las palabras de sus "Versos sencillos" se citan a menudo para evocar reconciliación, perdón y paz:

Cultivo una rosa blanca,
en junio como en enero,
para el amigo sincero
que me da su mano franca.

Y para el cruel que me arranca
el corazón con que vivo,
cardo ni oruga cultivo;
cultivo una rosa blanca.

El narrador cultiva las rosas blancas en verano y en invierno. Se las ofrece tanto a sus amigos honestos como a los enemigos que hieren su corazón.

Los versos de Martí perduran como la letra más famosa de "Guantanamera", pero la canción mantiene su adaptabilidad versátil y su paradójica relación al conflicto: los aficionados al fútbol británicos la han utilizado como canción de combate con letra nueva para insultar equipos rivales.

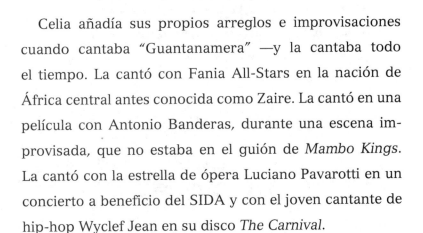

Celia añadía sus propios arreglos e improvisaciones cuando cantaba "Guantanamera" —y la cantaba todo el tiempo. La cantó con Fania All-Stars en la nación de África central antes conocida como Zaire. La cantó en una película con Antonio Banderas, durante una escena improvisada, que no estaba en el guión de *Mambo Kings*. La cantó con la estrella de ópera Luciano Pavarotti en un concierto a beneficio del SIDA y con el joven cantante de hip-hop Wyclef Jean en su disco *The Carnival*.

Celia también cantó "Guantanamera" en la base naval de Guantánamo en 1990.

El avión tomó más tiempo de lo que Celia esperaba. Tenían que bordear toda la isla a lo largo para llegar a la bahía de Guantánamo en el sureste de la isla, porque atravesar el espacio aéreo cubano estaba prohibido para un avión estadounidense. Celia se sentía extrañamente emocionada y triste a la misma vez, mientras circunvalaban su isla patria.

Al fin aterrizaron. Celia y Pedro desembarcaron juntos e aspiraron grandes bocanadas de aire tropical. Estaban en casa, pero también estaban lo más lejos que habían estado de sus casas.

Celia cruzó la pista a pie. Caminó hasta la alambrada que separaba el resto de la isla de ese pedazo de tierra reclamada por la armada estadounidense. Al otro lado de esa alambrada vivían amistades y familiares que Celia no había visto en tres décadas, sobrinas y sobrinos jóvenes a los que nunca había conocido.

Sacó el brazo por la cerca metálica, agarró un poco de tierra cubana de un campo minado del otro lado y lo puso en una bolsita para guardarlo. Le dio la bolsa a Pedro. "Me entierras con esto". Si Celia fallecía antes que Fidel, quería que la enterraran en Nueva York con ese puñado de tierra cubana. (Si Fidel se moría primero, entonces volvería a casa y descansaría en una tumba al lado de Ollita).

En el escenario de la base naval, Celia le cantó a su

isla las canciones de su tierra. Le devolvió "Guantanamera" a la bahía de Guantánamo. Las palmas reales bailaban al son de la interpretación de Celia "Canto a La Habana", una canción que alaba los nombres de varios lugares hermosos de Cuba e insiste en que "La Habana no admite comparación". Nada se comparaba con La Habana, el hogar de Celia que todavía estaba vivo al otro lado de esa alambrada tan vigilada.

Antes de terminar la canción se deshizo en sollozos.

El escenario era usualmente su santuario, una fuente de poder que siempre utilizaba para cantar las penas y el dolor, pero estar tan cerca y tan lejos de su casa a la vez, era mucho más de lo que la voz de Celia podía soportar. La orquesta siguió tocando. La música le dio ánimos. Celia se calmó, cantó los últimos versos —"ay Cuba, ay Cuba, tus paisajes"— y entonces gritó "¡Azúcar!". Celia sabía saborear la amargura con la dulzura.

Nunca hubo reconciliación entre Fidel y Celia Cruz. Nunca más volvió ella a la isla, después de esa vez.

En 1994 invitaron a Celia a cantar en otra base militar, esta vez en Panamá. Miles de refugiados cubanos que escapaban en balsas improvisadas eran sacados del mar antes de llegar a Florida, detenidos y arrestados en bases navales norteamericanas por todo el Caribe.

Celia accedió a cantarles a los balseros detenidos en Panamá y se quedó horrorizada por las condiciones de los centros de detención. Sus compatriotas cubanos estaban enjaulados como si fueran animales —incluyendo niños y recién nacidos. Un trato tan inhumano era algo que se podía esperar del régimen castrista, pero no del gobierno del país que la había adoptado. En Guantánamo cantó su pena. En Panamá cantó su rabia.

La mayoría de los refugiados eran demasiado jóvenes

para recordar los tiempos anteriores a la revolución, cuando no estaba prohibido oír los discos de Celia Cruz, pero para su sorpresa todos la conocían. Los balseros conocían su música y cantaron con ella. Fidel Castro había hecho todo lo posible por borrarla de la memoria colectiva y la historia musical cubana, pero había fracasado.

Uno de los refugiados hizo un pequeño modelo de una balsa y lo pasó por el público. Cada mano lo levantaba como si fuera un mar de olas. La balsa llegó a salvo hasta donde estaba Celia que se la llevó a su casa en Estados Unidos. Ya en casa, Celia abogó arduamente por los derechos de los balseros, haciéndole una petición directa al presidente Clinton —algo que la Reina podía lograr con facilidad, porque el presidente le acababa de otorgar la Medalla Nacional de las Artes. La mayoría de los balseros pronto pudieron llegar a Estados Unidos a salvo, igual que la pequeña balsa.

Celia ya era una anciana. Su Majestad se reía cada vez que alguien sugería que debería coger las cosas con calma. Ella seguía dando giras alrededor del mundo. Bromeaba diciendo que moriría sonriente en el escenario, con el sabor eterno de su último "¡Azúcar!" en los labios.

Su entusiasmo por nuevas colaboraciones, posibilidades

musicales y géneros superpuestos seguía creciendo. Grabó con David Byrne, luego de que su sobrino compartiera con ella un disco de Talking Heads; como mencionamos antes, unió su voz a Wyclef Jean para cantar la versión de "Guantanamera" nominada para los Grammy; y cantó gustosa con el reguetonero puertorriqueño Mikey Perfecto en "La negra tiene tumbao" que también fue nominada al Grammy. Frecuentemente citaba el viejo proverbio, "El que no cambia se estanca".

En 2002, antes de acudir a su examen médico anual, Celia no tenía ningún motivo para imaginarse que tuviera algún problema de salud. La chica caribeña jamás tuvo ni un resfriado, a pesar de haber pasado tantos inviernos helados en Nueva York.

No podía creerlo cuando una mamografía reveló que tenía principios de un tumor en el seno.

El diagnóstico de cáncer atemorizó a Celia. Le recordaba también una vieja pena, porque esa misma enfermedad acabó con Ollita. Esta vez no pudo encontrar su santuario en el escenario. Exhausta por los tratamientos contra el cáncer, Celia tuvo que abandonar las giras —pero claro que no dejó completamente el espectáculo. Celia cantó en los premios Grammy después de haber acumulado cuatro nominaciones adicionales.

Sus doctores recomendaron una mastectomía. Celia participó en una entrevista y sesión fotográfica la noche antes de la cirugía.

"Ponme lo más bella posible", le susurró a Ruth cuando la estaba maquillando para su sesión fotográfica. "Mañana me extirpan un seno tempranito. Estas serán mis últimas fotos con los senos intactos".

La cirugía tuvo éxito. Los doctores le comunicaron a Celia que se había curado. Celebró su cuarenta aniversario de bodas con Pedro disfrutando de unas verdaderas vacaciones en Francia e Italia. Ambos consideraban que era la luna de miel que nunca tuvieron.

Pero el cáncer todavía tenía asuntos pendientes con Celia. La primera pista de que algo andaba muy mal ocurrió más tarde ese año en el escenario.

Celia estaba de regreso en Ciudad México cantando en un concierto en su honor. Medio siglo había pasado desde que vivió allí, acabada de salir de Cuba y enamorada de su caballero trompetista. Ahora Pedro la acompañaba en el escenario para cantar un dúo sorpresa.

Primero sintió una dicha inmensa de compartir ese instante con él.

Entonces se le olvidó la letra de la canción.

Eso nunca le había pasado.

Celia se sabía todas las estrofas de las canciones de su repertorio. Se las sabía de memoria, al derecho y al revés. Conocía los versos tan bien que podía cambiarlos espontáneamente para darles nuevos toques improvisados. Cada verso estaba escrito en piedra en los cimientos de su ser. Jamás había olvidado las letras antes. Esas letras nunca la habían abandonado.

Nadie más se dio cuenta —ni siquiera Pedro. El dúo era un momento espontáneo que no habían ensayado y fue al final del concierto. Al lapso de memoria de Celia le siguió un aplauso furioso. La Reina agradeció emocionada a su público. Salió del escenario, se fue de Ciudad México y, tan pronto llegó a Nueva York, hizo otra cita con el doctor. Esta vez le encontraron un tumor canceroso en el cerebro.

En diciembre de 2002 se sometió a otra cirugía para extirpar el tumor. Después su mayor queja fue que un empleado del hospital trató de encubrirla diciéndole a la prensa que estaba en el hospital para someterse a una cirugía plástica. Celia estaba furiosa. Tan solo pensar en intentar cambiar su sonrisa o el orgullo que sentía de su negritud, la enfureció tanto que contradijo lo publicado en la prensa y reveló su condición médica.

Le pidió a la prensa respeto y privacidad.

Visitó a sus familiares y amigos.

Regresó a trabajar, grabando el que sería su último álbum.

Nadie sabe exactamente cuántos discos grabó Celia a lo largo de su extraordinaria carrera. Depende de a quién le preguntes. Muchos de los discos originales los destruyeron junto a cualquier evidencia de que existieron. Incluso derritieron el vinilo para que se convirtieran en discos de otros músicos. Sin tener en cuenta la cifra aceptada por los historiadores, *Regalo del alma* fue al menos su octogésimo disco. El título hace homenaje a los versos de José Martí que Celia cantó miles de veces en "Guantanamera": "y antes de morirme quiero / echar mis versos del alma". Inyectó el don de su alma en ese álbum final que grabó en diez días a principios del año 2003.

El tumor del cerebro regresó y se hizo más grande todavía.

Pedro seguía trayéndole su café cubano acabadito de colar todas las mañanas a la cama con una flor amarilla.

Su hermano, Bárbaro, falleció en La Habana. Nadie se lo dijo a Celia. Ya pasaba los días entre alerta e inconsciente y durante sus momentos de lucidez, Pedro no se atrevía a darle la mala noticia. Nunca supo que no había podido estar presente en otro de los funerales de su familia.

Celia escuchó las primeras canciones de *Regalo del alma* ese verano desde la cama del hospital. Ya no podía hablar, pero parecía mejorar. Marcaba el ritmo con los dedos.

La Reina murió de cáncer a los setenta y siete años, en la tarde del 16 de julio de 2003.

CAPÍTULO SIETE

SU LEGADO

Tómate un instante para recordar el momento en que una canción particular se convirtió en la banda sonora de tu vida. A lo mejor la escuchaste en vivo en el escenario, o a través de tus audífonos en soledad. Tal vez oíste la letra viendo los movimientos manuales rápidos de un intérprete de señas. No importa cómo la oíste, trata de evocar ese instante. Recuerda ese momento en que pensabas que alguna canción era tuya y de nadie más.

Para una gran cantidad de personas, ese momento clave en que escucharon la banda sonora de sus vidas, sucedió gracias a una canción interpretada por Celia Cruz. Ella cantaba como si fuera tu tía favorita. Cantaba además como si fuera una diosa creando el universo.

Horas después de la muerte de Celia, la palabra "¡Azúcar!" apareció pintada en grafiti por toda La Habana. El gobierno cubano ordenó inmediatamente pintar por encima todos los grafiti de "¡Azúcar!". Seguían intentando borrar a Celia de su patria, una y otra vez, y seguían fracasando. Aparecieron más letreros póstumos de "¡Azúcar!" en los muros por doquier.

La Habana estaba de luto por su hija.

La gente de La Habana estaba de luto por su reina.

Su cuerpo viajó acompañado por un desfile de automóviles, desde la casa que compró con Pedro en Nueva Jersey, hasta la funeraria en Manhattan. Primero cruzaron el puente George Washington y luego pasaron por Washington Heights. Había una muchedumbre en las calles de ese barrio latino. La gente llevaba flores, se abrazaban y tocaban el carro fúnebre mientras desfilaba lento.

Ruth Sánchez ya estaba esperando en la funeraria, lista para obrar su magia con el pelo y el maquillaje de Celia por última vez. "Murió sin saber lo grande que era", dijo Ruth. "Celia tenía los pies en la tierra."

De la funeraria, el féretro viajó en avión a Miami, la capital del exilio cubano, donde velaron a Celia en la Torre de la Libertad, en el Boulevard Biscayne.

Miles y miles de dolientes rodeaban la torre. No la lloraban en silencio. La música sonaba. La gente bailaba, cantaba su nombre y gritaba "¡Azúcar!" para celebrar la alegría feroz de Celia y su inmensa capacidad de saborear la amargura con la dulzura.

Ese día el Metrorail de Miami era gratis. Nadie tuvo que luchar para juntar dinero y poder montarse como tuvieron que hacer Celia y sus amigos cuando tomaron el autobús para ver su primer carnaval.

Su cuerpo regresó a Nueva York para la ceremonia fúnebre el 22 de julio de 2003. Llovió muy fuerte. Miles de dolientes llegaron a Manhattan, se empaparon y le gritaron "¡Azúcar!" al tormentoso cielo.

Como se lo había pedido, Pedro Knight colocó cuidadosamente el puñado de tierra cubana en el féretro de Celia. "De todos sus admiradores, yo soy el más afortunado, dijo Pedro.

Durante la ceremonia, Patti LaBelle cantó "Ave María" y Víctor Manuelle cantó una adapatación a capella de "La vida es un carnaval".

Una carroza de caballos transportó a Celia desde la Catedral de San Patricio. La bandera cubana arropaba su féretro. Justo a tiempo, el sol venció las nubes y la lluvia. Miles de voces clamaron su nombre, cantaron en las calles y le dieron a la Reina una última ovación.

El 16 de julio —el día que falleció Celia— es también el cumpleaños del gran salsero panameño Rubén Blades. Esto fue lo que dijo sobre su colega:

Celia Cruz podía cantar cualquier canción y hacerla inolvidable. Transcendía la materia. Celia infundía su vigor y le inyectaba su personalidad a la canción más sencilla. Creo que nadie puede escuchar sus canciones y permanecer indiferente. Con su voz poderosa y sus presentaciones espectaculares, ayudó a llevar la salsa a nivel internacional y su legado vivirá por siempre. La verdadera muerte ocurre cuando olvidamos, pero a Celia nunca la vamos a olvidar.

La propia Celia había dicho esto del mismo tema: "Cuando me preguntan cómo quiero que me recuerden, yo siempre digo lo mimso: quiero que todos me recuerden como alguien llena de dicha y alegría".

El legado de Celia Cruz como maestra en un salón del tamaño del planeta vive en la institución Bronx High School of Music, fundada en 2003. Su pasión por educar también creó la Fundación Celia Cruz, que otorga becas musicales a jóvenes latinos.

Celia nunca olvidó que tenía que pagarse los libros de texto con el dinero que ganaba cantando melodías comerciales en la radio. Tampoco olvidó que tenía que estudiar en la Academia de Música de La Habana bajo la fría indiferencia de su padre que no estaba de acuerdo con esos estudios.

Celia sabía que el pasado y el futuro siempre se comunican y es por eso que laboró arduamente para que las nuevas generaciones de músicos pudieran triunfar. Era un pilar de la comunidad que ayudaba a los latinos de diversas nacionalidades a reconocerse unos a otros, forjando lazos de afinidad y gozo como una forma de sobrevivir.

Escucha una de sus lecciones ahora. Busca una copia de su último disco *Regalo del alma*. La carátula muestra a Celia sonriendo ampliamente con una gran peluca plateada. La primera pista es "Ella tiene fuego", otra colaboración de rap, esta vez con El General, el panameño fundador del reguetón. La última pista es "Yo viviré", una adaptación de la canción emblemática de Gloria Gaynor "I Will Survive" sobre la ruptura de una relación, convertida en una mini biografía de Celia Cruz.

Escúchala.

Las primeras dos palabras son "mi voz". Presta atención a la precisión del raro contralto de su voz, la forma en que divide cada sílaba, saboreando esas erres de más que añade a las rimas que terminan en "volar" y "atravesar".

Luego canta sobre cruzar fronteras y romper barreras. Canta sobre los recuerdos de amigos y familiares que quedaron atrás. Canta de las comparsas del carnaval que vio por primera vez a los catorce años. Nos canta sobre la rumba, el son y la guaracha, tradiciones de la música afrocubana que nacieron en la zona oriental de la isla, ritmos que dominaba la Sonora Matancera. Nos canta en español sobre la resistencia y flexibilidad en el exilio y la diáspora.

A través de los años, muchos productores trataron de

convencer a Celia de cantar en inglés. Estaban seguros de que era la única forma de convertirse en estrella en Estados Unidos y querían que su música alcanzara la mayor cantidad posible de oyentes. Esos productores que buscaban lo mejor, no podían imaginarse un Estados Unidos que escuchara a Celia cantando solo en español.

Celia se resistió a tremenda presión de traducirse a sí misma. Cantó en el lenguaje de su corazón y Estados Unidos la escuchó. La cultura musical estadounidense no volvería a ser la misma.

La letra de "Yo viviré" contiene un juego de palabras con la clave, el instrumento de percusión que Celia usó para mantener el tiempo cuando ganó su primer concurso de canto —un término que también significa "código" o "llave". Nos recuerda que el pasado nos sirve de clave para abrirnos futuro y nos ofrece el azúcar como un regalo, en vez de un grito de bienvenida: "mi azúcar para ti." Acepta su regalo. Puede que algún día lo vayas a necesitar.

Los sobrevivientes de la tragedia de Pulse en 2016 en Orlando, Florida, compartieron la palabra "azúcar" como un mantra y adoptaron la canción "Yo viviré" como un himno de resistencia para ese momento lleno de duelo y una pena desvatadora. Celia todavía es un pilar de la comunidad.

Escucha la canción de nuevo. Canta el último verso con ella:

"Yo viviré, yo viviré, yo viviré, y sobreviviré."

Sobreviviré.

Celia conquistó el mundo con su voz y su gran corazón", declaró Lucrecia, la cantante de origen cubano que interpretó a la Reina en el más reciente de tres musicales distintos, basados en la historia de la vida de Celia Cruz. "Era una mujer noble de la vieja escuela. Se sabía los nombres de todos. De solo conocerla una vez, te enviaba postales por el resto de su vida".

Lucrecia creció en Santos Suárez, el viejo vecindario de Celia, se entrenó en el Instituto Superior de Arte de Cuba y oyó la voz de Celia por primera vez en un disco de contrabando de la Sonora Matancera. Cuando no pudo regresar a Cuba por haber criticado el gobierno en una canción, Lucrecia se estableció en España y cantó con Celia en 1988.

Algunos críticos han dicho que Lucrecia es la heredera de Celia —la Reina ha muerto, larga vida a la Reina— pero Lucrecia no le da crédito a esas comparaciones: "No puedo considerar, ni siquiera por un segundo, ser su heredera.

Nadie puede. Ella era la diosa de la música cubana. Y todavía lo es".

A diferencia de su amiga y mentora, Lucrecia no siente esa nostalgia y ese anhelo por su patria perdida. "Pero no querer regresar no me hace menos cubana", insiste Lucrecia. "Cubana es lo que soy y se acabó". El que no cambia se estanca.

El legado y la influencia de Celia en los musicales de Broadway se extiende más allá de las tres biografías teatrales que mencionamos antes. Celia no era la única artista musical en Nueva York buscando nuevas formas de mezclar ritmos de salsa y hip-hop al final del siglo XX, cuando Lin-Manuel Miranda, famoso autor de *Hamilton*, compuso las primeras versiones de su musical *In the Heights*.

El primer éxito de Miranda en Broadway comienza con claves. "El ritmo de la clave es la secuencia del ADN de muchos ritmos latinos" asegura Quiara Alegría Hudes, coautora de la obra de teatro y el guión de cine. Celia comenzó su carrera con clave en mano, evocando a su intérprete favorita para ganar su primer concurso de radio. Finalizó su carrera con el disco "Yo viviré" estableciendo la clave como la llave para todas las generaciones.

El primer diálogo de *Heights* sucede entre Usnavi (el narrador/protagonista) y el Piragüero, un pregonero sin nombre que canta a viva voz su pregón puertorriqueño y se convierte por un momento en la voz de la ciudad. El pregón también es parte del ADN del verso y la música latina. Margarita Engle le rindió tributo a un vendedor de helados ambulante en sus memorias en verso. Benny Moré era la voz de las calles de La Habana a los diecisiete años cantando sus pregones de las frutas que vendía. Celia Cruz cantaba pregones tradicionales como "El pregón del pescador" en los comienzos de su estrellato en la radio y otra vez cuando comenzó a cantar salsa.

En 2017, Miranda recopiló una lista de reproducción de los antecedentes de la salsa que tituló "I relish your wit! I SALSA YOUR FACE", que incluye a Celia Cruz. Sobre la canción "Químbara" declaró: "Si no sientes ganas de bailar con esto, hay que notificarles a tus parientes más cercanos. Celia es la más grande de todos".

La versión cinematográfica de *In the Heights* también le rinde homenaje a la deuda ancestral del legado de Celia, mostrando varios murales en grafiti conmemorando las matriarcas latinas. (Celia aparece justo entre Frida Kahlo y Dolores Huerta.) Iris, la jovencita que representa el futuro en la película, se sabe de memoria la lista completa de esas importantes mujeres.

El pasado y el presente siempre tienen que mantenerse en comunicación.

Nadie sabe qué nos traerá el próximo capítulo de la historia y la música cubana. Pero sí sabemos cómo terminó la lucha de poder entre Fidel Castro y Celia Cruz.

El Comandante vivió trece años más que La Guarachera —lo que no significa que haya ganado. En 2011 Fidel se retiró del gobierno cubano. En 2012, casi inmediatamente, se quitó el nombre de Celia Cruz de la lista oficial de músicos prohibidos.

La Voz de Cuba regresó a las ondas radiales de su patria.

¿SABÍAS?

★ El nombre completo de Celia era Úrsula Hilaria Celia Caridad Cruz Alfonso.

★ Además de recibir la Medalla Nacional de las Artes, Celia Cruz añadió también el título de doctora a su larga lista de logros. Fue honrada con tres doctorados distintos: un grado honorario de doctora en música de Yale en 1989; un doctorado honoris causa de la Universidad Internacional de Florida en 1992; y un doctorado honoris causa en música de la Universidad de Miami en 1999. **celiacruzfoundation.com/celiacruzbiography/**

★ En 2006, el Museo Nacional Smithsonian de Historia Estadounidense presentó una exhibición especial de Celia Cruz: "¡Azúcar! Vida y música de Celia Cruz". En 2012, después de una votación pública para decidir quién de cinco figuras públicas sería el tema de un retrato, Celia también fue honrada con un retrato hecho con objetos personales, con los cuales el artista Robert Weingarten creó una "biografía visual" de Celia. La exhibición abarcaba su brillante apariencia y los reconocimientos a su carrera. Incluía pelucas, zapatos de su colección, uno de sus cinco Grammys y más.

si.edu/newsdesk/releases/national-museum-american-history-reveals-celia-cruz-portrait

★ Considerada "la reina de la música latina" y habiendo dominado el panorama de la música latina por casi cincuenta años, Celia grabó más de setenta discos, recibió más de cien premios y salió en diez películas. De esos discos, veinte alcanzaron oro y ocho, platino.

atom.library.miami.edu/chc5070

★ "Si tengo que humillarme para ganarme el dinero, mejor no gano nada" fue la respuesta de Celia cuando no le pagaron un espectáculo en el que se negó a cantar "Burundanga", una de las canciones favoritas de Fidel Castro.

youtube.com/watch?v=c5NbB-M4NZk

★ En 2015, Telemundo transmitió Celia, una telenovela basada en la vida de la Reina de la Salsa. Al año siguiente, "La negra tiene tumbao" ganó el premio a la canción tema del año de la Asociación de Compositores, Autores y Editores Estadounidenses.

telemundo.com/shows/celia

★ En 2011, el Servicio de Correos de Estados Unidos homenajeó a la cantante afrocubana al incluir su imagen en la serie de sellos sobre las leyendas musicales latinas.
postalmuseum.si.edu/stamp-stories-celia-cruz

UNA NOTA DE WILLIAM ALEXANDER

Justo ahora, mientras escribo estas palabras en el verano de 2021, nuevas olas de protesta en contra del gobierno autocrático cubano surgen por toda la isla, a niveles no vistos desde 1959. La gente en la calle canta "Patria y vida", invirtiendo y rechazando el lema favorito de Fidel: "Patria o muerte" —un grito nacionalista que pedía sacrificarlo todo por la revolución de Castro.

Este nuevo grito de protesta nace de una canción de rap escrita en solidaridad con el Movimiento San Isidro de artistas y periodistas que protestan en contra de la represión del gobierno. Yotuel Romero, uno de los muchos coautores de "Patria y vida", es mejor conocido como miembro de Orishas —expatriados afrocubanos que empezaron a mezclar el hip-hop con los ritmos tradicionales cubanos a fines del siglo XX, igual que hizo Celia un poco antes que ellos.

La historia siempre se repite, igual que el arte y la música que son necesarios para entenderla.

UNA NOTA DE HISPANIC STAR

Cuando Hispanic Star decidió unirse a Macmillan y Roaring Brook Press para crear esta serie de biografías por capítulos, nuestra intención era compartir la historia de increíbles líderes hispanos con los jóvenes lectores para inspirarlos con las acciones de esas estrellas. Por siglos, la comunidad hispana ha hecho grandes contribuciones en los diferentes espacios de nuestra cultura colectiva —ya sea en deportes, entretenimiento, arte, política o negocios— y queríamos destacar algunos de los modelos que aportaron sus contribuciones. Sobre todo, queremos inspirar a la niñez latina a levantar y cargar el manto de la unidad y el orgullo latino.

Con Hispanic Star, también queremos iluminar el lenguaje común que unifica a gran parte de la comunidad latina. Hispano significa "que habla español" y se refiere con frecuencia a personas cuyos antepasados vienen de un país donde el español es la lengua materna. El término "latino", y todos sus derivados, es más abarcador, y se refiere a todas las personas de América Latina y sus descendientes.

Esta serie innovadora se encuentra en inglés y en español como un tributo a la comunidad hispana de nuestro país.

¡Exhortamos a nuestros lectores a conocer a estos héroes y el impacto positivo que siguen teniendo e invitamos a las futuras generaciones a que aprendan sobre las diferentes experiencias de vida de nuestras únicas y encantadoras estrellas hispanas!